U0502460

投资实战第一课

轻松构建资产组合

〔英〕马修·帕特里奇 著
（Matthew Partridge）

董丹枫 译

INVESTING EXPLAINED

The Accessible Guide to Building an Investment Portfolio

中国科学技术出版社

·北 京·

Investing Explained: The Accessible Guide to Building an Investment Portfolio by Matthew Partridge

978–1398604100

Copyright © Matthew Partridge, 2022

This translation of Investing Explained is published by arrangement with Kogan Page.

北京市版权局著作权合同登记　图字：01-2024-0390

图书在版编目（CIP）数据

投资实战第一课：轻松构建资产组合 /（英）马修
·帕特里奇 (Matthew Partridge) 著；董丹枫译 .
北京：中国科学技术出版社，2025. 1. -- ISBN 978-7-
5236-1134-0

Ⅰ . F830.59

中国国家版本馆 CIP 数据核字第 2024B9W447 号

策划编辑	李清云　贾　佳	**责任编辑**	贾　佳
封面设计	仙境设计	**版式设计**	蚂蚁设计
责任校对	邓雪梅	**责任印制**	李晓霖

出　　版	中国科学技术出版社
发　　行	中国科学技术出版社有限公司
地　　址	北京市海淀区中关村南大街 16 号
邮　　编	100081
发行电话	010-62173865
传　　真	010-62173081
网　　址	http://www.cspbooks.com.cn

开　　本	880mm×1230mm　1/32
字　　数	165 千字
印　　张	9.75
版　　次	2025 年 1 月第 1 版
印　　次	2025 年 1 月第 1 次印刷
印　　刷	北京盛通印刷股份有限公司
书　　号	ISBN 978-7-5236-1134-0/F · 1330
定　　价	69.00 元

致我亲爱的父母，伯纳黛特（Bernadette）
和托尼（Tony），感谢他们多年来给我满满
的爱与支持。

推荐序

27 年前，我押下了人生中最大的一次赌注。

我辞去了《周日电讯报》（*Sunday Telegraph*）副主编的工作，卖掉了我们在伦敦布鲁克格林街区的漂亮房子，举家搬迁到威尔特郡最深处一幢由旧洗衣房改建的出租屋。随后，我将手中剩余的 10 万英镑①全部投入了一个项目，我所有的朋友和同事都认为这个项目很疯狂。

这个项目就是《周刊》（*The Week*）杂志。一年多后，在 1995 年 5 月，它从我们的第一个办公室，伦敦帕丁顿附近一个改造过的小车库，跌跌撞撞地走向了世界。一段坐过山车般的日子由此开启：我几乎花光了所有积蓄；我被特立独行的出版人费利克斯·丹尼斯（Felix Dennis）拯救了，他入了股；我们奋力拼搏，想尽办法提高发行量。最终，一切都没有辜负众望。

仅仅 5 年之后，我创立了《理财周刊》，也就是本书作者马修·帕特里奇长期做出卓越贡献的那本刊物。

这个故事的含义很简单。《周刊》和《理财周刊》算是我做

---

① 1 英镑 ≈ 9.353 8 元。（2024-09-19）——编者注

过的很明智的投资。这于我是一件幸事，因为总体而言我是一个糟糕的投资者，很可能是我认识的人里最差劲的，若要依靠自己的投资技巧生活，我八成已经去济贫院了。

每当我想要小试投资，我的记录总是出奇的一致。我想我从来没有主动投资过任何一只真正上涨的股票。仿佛那些被我看中的公司一见到我要来，就会在我入股的那一刻遇上麻烦。在我入股时，它们的股价总是立刻开始戏剧性地下跌。因此，对于任何寻求我的市场建议的人来说，我的建议是：按我所推荐的反向操作，或许你就有机会获得丰硕的回报。

不过，我还有一条更实际的建议。读一读这本书。

我希望这本书在多年前就写好了。那样的话，我便能在一次次将辛苦赚来的钱浪费在判断错误的投资之前，多吸取些书中的经验教训。作为《理财周刊》的资深专栏作家，马修能够将深厚的市场知识与他那令人羡慕的常识思维结合在一起。在这本极具可读性和启发性的指南中，他将自己的智慧和经验所带来的好处倾囊相授，条理清晰地阐述了玩转市场的基本原理。

也许，作为一个投资者，我十分笨拙，但让我们面对现实：对于我们这样的业余投资者，需要有人伸出援手。在本书随后的内容中，这只援助之手就会拉你一把，而你最终也会成为一个更成功、更有智慧的投资者。

《周刊》和《理财周刊》创始人

乔恩·康奈尔（Jon Connell）

CONTENTS

目录

引言   001

第一章   投资的基础   005

我为什么要花心思去投资？   007

为投资腾出资金的最佳方法是什么？   009

股票、股份和债券之间有什么不同？   011

股票和债券是否会为投资者创造更高回报？   015

如果股票创造的回报更高，还投资债券干什么呢？   017

年龄对于你在股票市场的参与程度有多大影响？   019

长期持续的储蓄和再投资真的能把小钱变大钱吗？   022

怎样投资才能确保舒适的退休生活？   025

第二章   管控风险   031

风险管理究竟是什么？   033

多元化投资是什么，它为什么是"金融
投资领域唯一的免费午餐"？ 036

多元化投资只适用于股票吗？ 038

你的投资组合中应该包含多少家公司？ 039

周期性股票和防御性股票有什么不同？ 041

什么是杠杆——以及它为什么危险？ 043

为什么流动性很重要？ 046

第三章　心理因素在投资中的作用 055

股市就像赌场一样吗？ 057

投资者最大的行为缺陷是什么？ 059

股票市场泡沫是什么，它是如何产生的？ 062

是否应该"传言时买入，证实时卖出"？ 065

什么是逆向投资？ 066

动量投资是如何进行的？ 069

斩仓止损是个好主意吗？ 071

第四章　跟着专业人士做投资 077

谁才是关键的可以帮助投资者的金融专业人士？ 079

如何找到最适合你又最划算的理财建议？ 081

为什么追踪股票的交易和经纪服务费用很重要？ 084

什么是基金经理，他们有用吗？ 086

研究分析师和策略师真的可以对金融市场

  做出预测吗？ 088

如何防范金融诈骗呢？ 090

应该找金融专业人士帮忙还是单独行动？ 095

第五章　投资工具的种类 101

基金和信托 103

什么是指数基金？ 105

买"聪明贝塔"基金是聪明的选择吗？ 108

什么是交易所交易基金？ 110

什么是对冲基金？ 111

什么是风险资本，如何做风险投资？ 115

什么是私募股权投资？ 117

第六章　挑选主动型基金 123

挑选基金时，过往业绩重要吗？ 125

当明星基金经理离任时，你应该怎么做？ 127

应该选择年轻有为还是经验老到的基金经理？ 129

女性能成为更好的基金经理吗？ 131

道德投资怎么样？ 134

你是否应该找愿意下大赌注的基金经理？ 137

廉价基金是跑赢大盘的法宝吗？ 139

第七章　价值投资　　　　　　　　　　　　149

什么是价值投资?　　　　　　　　　　　　151

什么是价值陷阱,你该如何避开它们?　　　154

什么是催化剂,为什么它们如此重要?　　　156

什么是深度价值或"烟蒂"投资?　　　　　157

什么是激进主义股票投资?　　　　　　　　160

你应该何时将价值股卖出?　　　　　　　　163

价值投资大势已去了吗?　　　　　　　　　165

第八章　成长投资　　　　　　　　　　　　171

什么是成长投资?　　　　　　　　　　　　173

如何找到快速增长的公司?　　　　　　　　175

你愿意为成长股支付什么价格?　　　　　　178

公司的债务水平到底有多重要?　　　　　　180

并购可以促进增长吗?　　　　　　　　　　182

你是否应该买入首次公开募股(IPO)的股票?　184

你应该在何时卖出成长股?　　　　　　　　186

第九章　收益投资　　　　　　　　　　　　195

什么是收益投资?　　　　　　　　　　　　197

你该如何判断一家公司能否支付股息?　　　200

公司是否在有效地利用自己的资源?　　　　202

家族企业怎么样？ 204

竞争如何影响股东回报？ 206

公用事业怎么样，为什么它们对一些

　　收益投资者很有吸引力？ 209

你是否有可能靠股息生活？ 212

第十章　混乱过后的投资 219

当鲜血满街时，你应该买入吗？ 221

政治因素对市场的影响真的那么大吗？ 223

税收会导致投资死亡吗？ 225

"关键是经济"说得对吗？ 228

通货膨胀是如何侵蚀投资组合价值的？ 231

该不该"和央行对着干"？ 233

投资海外股票是个好主意吗？ 235

第十一章　其他金融资产 243

什么是金融点差交易？ 245

卖空是好的投资方式吗？ 248

外汇交易怎么样？ 250

你是否应该投资大宗商品？ 252

你是否应该只爱黄金？ 255

你能够从艺术投资中赚到钱吗？ 257

你应该投资房地产吗？ 259

第十二章　金融科技与另类投资　267

你应该买比特币吗?　269

你应该参与"股炮游戏"吗?　271

免费交易 App 好不好?　274

开放银行如何开放投资?　276

你是否应该接受机器人给的建议?　278

该不该使用股票筛选软件?　280

如何评价 P2P 网站?　282

股权众筹怎么样?　284

结论　投资的十大准则　291

致谢　299

引言

2020 年至 2021 年，我们经历了前所未有的市场波动，全球股市疯狂地大起大落，油价也跌至历史最低点，随即又反弹。我们也目睹了上涨后又下跌、可能还会再次上涨的比特币市场，同时还有普通投资者让对冲基金屈服的壮观场面。

如此一来，你可能会觉得就算自己拂袖离场也无可厚非。毕竟，连专业人士都搞不明白究竟发生了什么，更何况是像你这样的个人投资者呢？

而我认为这是无稽之谈。历史上，个人投资者从未能够如此容易地参与到市场之中。同时，技术、规则和信息的变化也意味着，任何专家可能拥有的优势都在迅速消失。

尽管如此，机会的增加也意味着出错的可能性增加，特别是如果你不去独立思考的话。

因此，本书旨在为**各种经验水平**的个人投资者提供一份通俗易懂且有实践价值的投资指南——它是一本当我在这一领域起步时曾渴望拥有的书，也是一本有一定投资经验的人也会觉得很有用的书。

它的目的是撤下隔断，让你与"专业人士"站在同一水平上，并为你指明这些专业人士所犯的错误。

如果说，我先后在伦敦金融城和英国最大投资期刊《理财周刊》担任财经记者的工作期间学到了什么，那就是，许多在金融领域工作的人知道的比他们以为的要少得多。更重要的是，许多认为金融对自己来说太复杂的人会惊讶地发现它是多么容易理解。

在接下来的近三百页中，我将带你了解广泛的话题，向你解释应该如何最大限度地增加投资成功的机会，并且告诉你为什么要这样做，从而助你打开投资世界的大门。

我们将从基本知识开始了解，例如储蓄、风险以及投资者心理的重要性。接下来深入介绍如何与金融专业人士合作，以及如何选择一只基金或投资信托①。随后，本书会讨论如何选择个股，这是更有经验的投资者（以及那些喜欢动手实践的人）可能会喜欢的部分。最后，本书将探讨一些更进阶的领域，如通胀、点差交易以及比特币这一类你可能想要了解更多的领域（哪怕只是为了听懂大家都在谈论什么）。

本书结合了硬数据、案例研究和讲故事等方式来传达信息。虽然说，投资既是一门艺术也是一门科学，但学者和专业人士的研究可以帮助我们区分那些有事实依据的投资诀窍（如"止损要快，止盈要慢"的说法）以及那些没有事实依据的。

不过，事实和数据的作用只能到此为止。因此，为了使书中

---

① 英国将封闭式共同基金（closed-end fund）称为投资信托（investment trust）。——译者注

讲解的内容更令人难忘，并提供更多的背景信息，我还加入了一些投资故事，它们可以更好地诠释各种金融概念。其中一些故事来自金融学历史，另一些来自著名书籍、电影和戏剧，甚至还包括我自己作为投资者的一些经历。

　　为了避免浪费你的时间，我以问答的形式组织了本书的内容。这意味着你可以随时专注于**你感兴趣的内容**。这也意味着你可以随心所欲地深入和浅出——也许每次只专注于某个特定问题，或者也可以选择某个完整的领域（所有的问题都已按主题分组）。

第一章

投资的基础

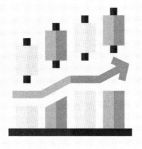

投资就是让自己手中的钱生钱。要实现这一点，你需要做的是制定财务目标，厘清自己的财务状况，这样你便可以开始定期储蓄，然后将储蓄投资于股票和债券等资产（这两者之间如何平衡取决于你的投资期限）。久而久之，这样一个投资策略应该可以确保你积累足够的钱来满足你的需求。对于退休养老而言，这显得尤为重要。如今各单位和企业所提供的养老金越来越有限，各国政府又都在不断延长本国公民的退休年龄，人们将要为自己未来的财务状况做打算。

我为什么要花心思去投资？

　　每当向他人透露我是一名财经记者时，我得到的反应不外乎三种。

　　有些人想方设法地让我说出炒股发财的秘诀。另一些人则激动地抱怨自己的银行，或者最近发生的金融丑闻，这让我觉得自己好像就是罪魁祸首一样。还有一些人，他们会露出茫然的眼神，礼貌地说一句"那还蛮有趣的"，随即便转移话题。（倒是有个人十分直言不讳地说了句："这工作可真够无聊的。"）

　　显然，对于最后一种观点我并不认同，我觉得追踪金融市场中的迂回曲折十分令人着迷。不过，就像电影《火柴人》（Matchstick Men）当中尼古拉斯·凯奇（Nicholas Cage）所说的："对于许多人来说，钱就像是一部没有字幕的外国电影。"现实的确如此。而且这很正常，并没有什么不对。然而，现实是无法逃避的，在当今世界，关于钱的问题人们是无法以鸵鸟心态去面对或处理的。

　　除非你打算抛却尘嚣、遁入空门，否则，你就必然会有财务目标。这些目标有可能是享受舒适的退休生活，或是买个大房子，也可能是去旅行或是支付学费（还可能是以上所有）。如果要实现这些财务目标，你就别无选择：我们必须让手中的钱为我们自己效力。

这便是投资的意义——合理分配你手中的钱和财富，令其创造收入或增加价值，而不是将其随意花掉或闲置。

就在 20 年前，大多数（英国）人还有望领取与指数挂钩的最终薪资养老金（final salary pension），依据该计划，人们的养老金按最终薪资的某个比例固定发放，并随着通胀指数自动增长。这样的计划在 2021 年已属罕见。[截至 2018 年年初，任何一家富时 100 指数（FTSE 100）中的公司都不再向新入职员工提供此类养老金计划。][1] 相反，人们必须参加一种所谓的"固定缴费"计划，即你和你的雇主都要为退休金计划缴费，这些钱将会用于投资，而所得收益用于支付你的退休金。

这一转变的出现有几个关键原因，但在这里，它们并不重要。享受最慷慨的养老金计划的时代已经一去不复返了，这是个可悲的事实。而现在这个默认的养老金选项并无法为我们未来提供足够的生活保障。截至 2021—2022 财政年度，英国国家养老金目前的发放金额仅为每周 179.60 英镑，或每年 9 339.20 英镑——这大约只是国内全职薪资平均水平的四分之一，而且英国政府还一直在延长退休年龄。[2]

更糟糕的是，更长的人类预期寿命和低利率意味着，年金这种向人们支付有保障的收入直至死亡的低风险产品，它的支付金额会比过去少得多。事实上，自 19 世纪以来，预期寿命平均每 10 年增长 2~3 岁，如此推算，年金的支付金额还会进一步下降。[3, 4]

　　若想要一份与通胀指数挂钩的年金，其支付金额等同于你收入的 40%（就像过去最终薪资养老金所支付的金额那样），你将需要积攒出相当于你薪资 15 倍的金额作为基础。

　　并不是所有的投资目标都像退休金一样长期。快速上涨的房价意味着，如果许多人想要成为有房一族（或想要帮自己的孩子一把），他们可能不得不积累相当大的一笔存款。还有，对于一些大额的非必需品，例如一辆新车或梦想中的度假，你同样需要提前进行财务规划，以免在支付后陷入债务危机。

　　那些不未雨绸缪的人，结局很可能就像古希腊寓言家伊索（Aesop）的故事《蚂蚁与蚱蜢》（*The Ant and the Grasshopper*）中的那只蚱蜢一样。故事中，蚱蜢一整个夏天都在悠闲享乐，蚂蚁却在花时间为即将到来的寒冬储备食物。当冬天终于来临，只顾眼前的蚱蜢发现自己的食物所剩无几，蚂蚁的食物却很充足。蚱蜢向蚂蚁乞讨，希望得到一些食物，蚂蚁拒绝并指出，蚱蜢原本也是有机会为未来而做储备的。

为投资腾出资金的最佳方法是什么？

　　若你有幸坐拥大笔财富，那便可即刻开始投资。然而，如果你希望长期稳定地将一部分收入存起来，你需要先厘清自己的财务状况。也就是说，你需要减少开销，使支出始终低于收入。正如查尔斯·狄更斯（Charles Dickens）的小说《大卫·科波菲尔》（*David Copperfield*）中米考伯先生（Mr Micawber）所说的（也是他艰难地发现的）那样："年收入二十镑，年支出十九镑十九先令六便士，结局是幸福；年收入二十镑，年支出二十镑零六便士，结局是痛苦。"

除了确保你的支出低于你的收入，如果想要开始投资，你还需要控制好自己的负债，尤其是"不良负债"，例如不会产生任何持续回报的高息短期贷款。

比如，**在考虑投资之前先还清信用卡账单，就是很有道理的**。信用卡公司每年通常收取 15%~25%（或更多）的费用，即使是历史上最厉害的投资者，也很难长期稳定地创造接近这个比例的年收益率。虽然这一点显而易见，大量的人却并没有注意到，（截至 2021 年 3 月）英国家庭的平均无抵押消费负债为 7 057 英镑，其中 1 945 英镑是信用卡欠款。从整体上看，近 40% 的英国人背负着某种形式的高息债务。[5]

话虽如此，但立即偿还所有贷款也是没有意义的。虽说我们永远不该拖欠抵押贷款，但抵押贷款确是一种"良性负债"，因为抵押贷款的利率比相对短期的贷款利率低得多。这意味着，把钱用于投资而不是提前偿还抵押贷款，仍然是合理的。由于大多数人直到 50 多岁（或更晚）才会还清抵押贷款，如果你想一直等到没有债务再开始投资，那你就没有太多投资机会了。

同时，你应该存下确切比例足够大的收入（且足够一致），以满足你的投资目标。例如，要想一次性获得相当于你的建议薪资 15 倍的资金，以确保过上舒适的退休生活，你需要在长达 45 年的工作生涯中将税前收入的 15% 存起来。

这听起来似乎是很大一笔钱，但请记住，在英国受雇的每一个人，都已将工资总额的至少 4% 支付给了养老金计划，同时他们的雇主也为他们支付了 4%。这样一来，你只需要再存 7%，就可以使你的总存款比例达到收入的 15%。当然，这只适用于养老储蓄，因为其他的投资目标可能需要更大或更小的收入比例，而那些比较晚才开始为养老储蓄存钱的人，可能需要投入更大的比例。

虽然一种对人人都行之有效的省钱大法并不存在，但我发现，设定一个每月定期支付指令，并将相当于自己总收入 10% 左右的金额直接存入一个投资账户，是个很有用的方法。这不仅确保了我每个月能存入一定数量的钱，而且像这样定期少量地将钱存起来，可以让我清楚地知道我还剩下多少可用资金，从而帮助我减少支出。

股票、股份和债券之间有什么不同？

在 1985 年上映的电影《007 之雷霆杀机》（*A View To A Kill*）

中，詹姆斯·邦德（James Bond）化名为"詹姆斯·斯托克（James Stock）"。但在金融界，Bond（债券）和 Stock（股票）可绝不只是名称不同。

债券

债券就是一种欠条，由公司、政府发行，有时也由其他机构发行。投资者借给借款人也就是发行人一定数额的钱，以换取每年（或每半年）支付一次的利息，以及借款人将在某个日期全额偿还的承诺。

理解债券的方式之一，是将它们当作储蓄账户的一种形式。在债券到期之前，你也可以将其进行买卖，但大多数普通投资者会一直持有它们直到偿还之日（称为"持有至到期"）。一些"零息债券（zero coupon bonds）"在有效期内不支付任何利息，而是在最后一次性付清。

与储蓄账户不同，债券不受政府担保（政府债券除外）。不过，就像银行可以在业主无力支付抵押贷款时收回房屋一样，债券持有人可以控制破产的公司，然后出售该公司的资产。事实上，公司破产时，在债券持有人得到全额偿付之前，股东（shareholders）没有权利获得任何东西（且在大多数情况下，股东只能收到象征性的金额，甚至什么都没有）。

这说明了债券应该比股票具备更高的安全性。

唯一的缺点是，无论公司做得多好，持有人持有至到期的债券获得的收益都不会超过债券的面值加上他们应得的利息。

股份

虽然在公司破产的情况下，股东的地位可能排在最后，但拥有一股股份实际上意味着你拥有公司的部分所有权（正式名称为"普通"股）。如果公司表现良好，股东可能从每股每季度、半年或一年支付的股息中受益。

股东也有权获得因每一股的价值增加而产生的任何收益（称为资本收益，capital gains），尽管这不是有保障的。

有时，公司会回购股份，以减少市面上股票的数量并（在所有条件相同的情况下）增加股票的价值。最后，如果公司被接管，那么每位股东将依据持有的股份数量相对总股份的比例，获得其为公司支付的部分资金。

股份也可以分割（split，也称拆股）。这出现在当一个公司宣布将向现有股东发行更多股份的时候。这样做往往是为了防止每一股的价格涨得过高。由于这样操作使股票的价格降低，股东并不会获得任何总利益，且公司的股权结构也不受影响。举个例子，某公司的股票交易价格现为 100 英镑，他们宣布进行一拆二分股，那么每位股东将会拥有两股价格各为 50 英镑的股票。而并股（reverse split，或反向股票分割）是减少股份的数量，也就是原先拥有两股价值 50 英镑股票的投资者，现在会拥有价值 100 英镑的一股股票。在 2012 年，苏格兰皇家银行（RBS）就进行过一拆十的反向股票分割。[6]

Stocks（股票）和 Shares（股份）

为什么有"stocks"和"shares"之分？无论出于何种意图和目的，这两个词都是差不多的含义。而为了本书内容的一致性，除了"stock market（股票市场）"一词以外，书中将使用"shares"一词而非"stocks"来表示股票或股份。[①]

最后一个值得一提的类型是"优先股（preferred stock）"，它介于债券和股票之间。这类股票承诺以股息的形式向持有人支付固定金额。虽然公司可以选择推迟派息，但任何未偿还给优先股持有者的股息都必须在主要股东获得股息之前优先得到偿还。在公司破产的情况下，优先股持有人的地位略好于普通股持有人，但仍必须排在债券持有人之后。

---

① 英语中表示股票或股份时，shares 和 stocks 一词大多是可互换的，美国更多使用 stocks，英国更多使用 shares，也有 1 share of stock 的用法来表示一股股票。而在中文当中，股份和股票二词的含义区别更细微，股票与股份互为表里，股票是股份的存在形式，而股份是股票的价值内容。本书翻译时将根据具体语义选择使用"股票"或"股份"。——译者注

股票和债券是否会为投资者创造更高回报？

在经历了各种可疑投资并亏掉巨额资金之后，美国幽默作家马克·吐温（Mark Twain）在他 1894 年的小说《傻瓜威尔逊》（*The Tragedy of Pudd'nhead Wilson*）中痛苦地写道：

10 月，这是炒股最危险的月份；其他危险的月份有 7 月、1 月、9 月、4 月、11 月、5 月、3 月、6 月、12 月、8 月和 2 月。

然而，尽管短期投机并不适合每个人，而且总有一段时间股票的表现会非常糟糕，但谈及长期投资时，马克·吐温的建议还是过于保守，甚至具有误导性。**自 20 世纪初以来，股市整体（而非任何一只特定股票）的表现都好于债券。**

当然，没人能保证股市过去的表现会持续下去（何况自 20 世纪 90 年代以来，这个差距一直很小）。然而，尽管有可能只是因为投资者们都十分幸运，但股市的这种优异表现能持续很长一段时间的事实表明，股票显然还是最好的长期投资。

从 1900 年年初到 2019 年年底，扣除通胀影响，美国股市的年平均回报率为 6.5%，相比之下，债券的年回报率为 2%（包括股息）。如果不考虑通胀因素，股票和债券的年回报率分别为 9.6% 和 4.9%。换言之，最初给在美国证券交易所上市的最大的公司投资 1 美元，后来将价值 58 191 美元（扣除通胀因素后为

1 937 美元）。

相比之下，如果在 20 世纪之初以同样的金额购买债券，到 2019 年年底只值 327 美元（或只有 10 美元 90 美分的实际价格）。

同样，在伦敦证券交易所（LSE，在 1900 年是全球最大的股票交易市场）上市的股票的平均实际（即扣除通胀因素）年回报率为 5.5%，而债券的平均年实际回报率为 1.9%。股票的全球平均实际回报率也只是略低一些，为每年 5.2%。[7]

股息再投资的重要性

股票的回报可能看起来很棒，但要想获得最大化利益，你不仅要抵制住将分红花掉的诱惑，还要用它们购买更多的股票。

21 世纪前 20 年当中，富时 100 指数的表现就是一个很好的例证。伴随着时钟倒数进入 2000 年以及人们对"千年虫漏洞"的担心，富时 100 指数站上了 6 930 点。到了 2019 年年底，就在世界即将被另一种截然不同的"漏洞"搅得天翻地覆之前，富时 100 指数到达 7 542 点，仅高出 8.8%，即 0.4% 的价格回报。然而，如果你将股息再投资，你的回报将是 122%，这是将 1 000 英镑转化为 1 088 英镑（价格回报）还是 2 222 英镑（股息再投资后的总回报）之间的不同。[8]

股息再投资的重要性体现在这样一个事实上，在英国和美国，有大约一半的实际总回报都来自股息，如果没有股息，股票的表现在 20 世纪里将很难击败债券。

　　在过去，许多公司允许你选择将收到的股息作为额外股票（临时股息）自动进行再投资。可惜的是，由于税收原因，提供这个选项的公司少了很多，而那些确实提供此选项的公司，会要求你必须在股东名册上登记，而不能通过名义股东账户（其是现在大多数人持有股票的账户类型）持有股票。

　　好消息是，大多数券商现在都可以让你指定将自己的股息自动进行再投资。这是一个非常好的方式，因为它可以为你省去很多麻烦，除非你特别想要获取分红作为收入。如果你通过购买基金来投资（见第四章），并希望用分红进行再投资，那么就要选择一只"积累型"基金，而不是"收益型"基金。

如果股票创造的回报更高，还投资债券干什么呢？

　　尽管长期来看，债券的表现不如股票，但许多人依然会投资债券，因为股价既可以上涨，也可以下跌。当股价下跌时，跌幅可能很大，这就像许多人在 2020 年时发现的那样，一个月之内美国和英国的股市都下跌了三分之一。

更何况，与其他几次大规模崩盘相比，2020 年的下跌只是小巫见大巫。

在臭名远扬的 1929 华尔街股灾之前那 8 年里，美国主要股指（标准普尔 500 指数）的表现就像是一个《了不起的盖茨比》（ *The Great Gatsby* ）中所描述的在派对上醉酒狂欢的人，一路狂飙，上涨了 5 倍。

这让当时的一些人认为，正如当代经济学家欧文·费雪（Irving Fisher）所说，股价正"处于永久的高原之上"。然而，就在费雪做出预测的几天后，人们在"黑色星期二"目睹了股价在一天内下跌了 13%，而到了 1932 年 6 月，标准普尔 500 指数已跌到了崩盘前峰值的十分之一。[9]

20 世纪 30 年代剩下的时间对投资者来说也不好过，因为一系列的反弹以及随后而来的大幅下跌使许多在最初的股灾中幸存下来的人失去了生命。其中最糟糕的一次股票下跌发生在 1937年 3 月至 1938 年 4 月期间，跌幅高达 45%。[10]费雪也并不是唯一被迫承认自己食言的股市专家。70 年后的 1999 年，也有人提出了类似的观点，当时正值互联网热潮的顶峰时期，其也正在美国股市开始下跌之前，在那之后的 3 年间，美国股市的市值将会减半。过去还发生过其他惨烈的崩盘，例如：1973—1974 年，当时英国股市的实际价值下跌了 75%，还有 2007—2009 年的全球金融危机期间，英国和美国的股市都暴跌了一半以上。总体而言，自 1984 年以来，英国至少出现过 12 次"熊市"（即股价从最高点到最低点跌幅超过 20%），而自 1929 年以来，美国已出现过 20 次熊市。[11]

相较之下，自 1672 年以来，尽管经历了战争、经济衰退和金融危机，英国政府从未发生对私人投资者的债券违约，[12]而新西兰、澳大利亚、泰国、丹麦、加拿大和美国则从未发生过政府债券违约。[13]尽管"国家无法破产"的说法是错误的，正如希腊政府债券持有人以沉重的代价发现的那样，但公平地说，发达国家的债券还是非常安全的，甚至新兴市场国家的债券也变得越来越安全。另外，优质的公司债券也是相当安全的，债券评级机构穆迪估计，从 1920 年到 2017 年年底，每年平均只有 0.15% 的公司债券违约。[14]

年龄对于你在股票市场的参与程度有多大影响？

在莎士比亚（Shakespeare）的戏剧《皆大欢喜》（*As You Like It*）的一段独白"人生七阶（Seven Ages of Man）"中，雅克（Jacques）认为人的一生可以分为七个时期，从婴儿时期"在保姆的怀中啼哭"，到"孩提时代的再现，全然遗忘"。虽然，当你把股票视作一种资产时，你在股市中的确切参与程度将由你对风险的态度决定，但实际上你的年龄（或者更准确地说是你的投资期限）应该在这方面发挥更大的作用。

这是由于股票具有超高回报率，而且股市在糟糕的一年之后往往会出现好的一年，这就意味着，与债券相比，你持有股票的时间越长，相对风险在总体上越低（尽管这不适用于个股）。

举个例子，虽然美国股市市值在 2007—2009 年金融危机期间蒸发了一半以上，但很快便重整旗鼓，到 2012 年 4 月，标准普尔 500 指数已然再创新高。1929—1932 年华尔街崩盘之后，许多投资者在股市坍塌之时抛售了自己剩余的投资组合，并从此不再碰股票。然而，那些愿意坚持下去的人得到了丰厚的回报。如果你在 1929 年 9 月投入 1 000 美元购买标准普尔 500 指数，并持有 30 年，你最终仍然能收获一份高达 8 950 美元的投资组合——轻松跑赢债券和通货膨胀。事实上，美国股市最长的一段实际负回报时期只有 16 年，即从 1905 年年初到 1920 年年底，而英国最长的一段时期是 22 年。[15]

虽然击败通胀听起来并不那么值得赞叹，但沃顿商学院的杰里米·西格尔（Jeremy Siegel）发现，在 1802 年至 2006 年之间，以 30 年为一个观察期，美国股票的表现在 99.4% 的情况下都战胜了债券。换句话说，债券在 30 年内击败股票的概率小于连续抛 7 次硬币都出现正面的概率。[16] 事实的确如此，虽然德国和日本的股票市场在第二次世界大战期间蒸发了大部分价值，但投资者（少数个例除外）被允许保留他们的股票，在 10 年内，德国市场便恢复了正常价值，而日本市场也于 20 世纪 70 年代复苏。[17]

　　尽管如此，并不是每个人都有底气把眼光放得那么长远，尤其是如果你没有其他资金来源。2008 年 12 月，在全球金融危机最严重的时候，我的一位美国亲戚目睹自己的养老金随着股市崩盘大幅缩水。那时，我建议她及时抄底，购买更多股票。她温柔地提醒我，虽然她有一份带薪工作，但她必须依靠养老金才能过活，所以她无法承担养老金进一步下跌的风险，即便市场最终会复苏。讽刺的是，事实证明我所在的公司也无法承担这个风险，几周后，许多员工（包括我自己）就被裁员了。

　　虽然随着你买进卖出不同的股票，你的投资组合包含的具体股票会有所不同，但股票投资在你投资组合中的总占比，应该为你的投资期限的年数乘以 2 或 3（且至少为 25%，最大不超过 80%）。因此一个 20 多岁的人在为自己近半个世纪之后的养老做投资时，应该用绝大部分的资金购买股票。而那些还差十来年就要退休（也就是投资期限较短）的人应该将其投资组合的 1/5~1/3 配置到股票市场，将其余资金则用于购买相对安全的资产，比如债券。

　　如此一来，当他们活到那个"孩提时代的再现，全然遗忘"的年纪，他们起码已经尽可能久地享受了舒适的退休生活。

长期持续的储蓄和再投资真的能把小钱变大钱吗？

从收入中存下足够的钱是一件很棒的事情，明智的投资亦是如此。不过你还需要非常自律，才能保持不断投资并将赚到的钱进行再投资，无论是股息、利息还是资本收益，都可以实现从复利和复合增长中获利。

据说阿尔伯特·爱因斯坦将复利称为"世界第八大奇迹"，并指出"谁理解复利，谁就能赚到它，不理解的人（就只能）支付它"，甚至连电影版《玛丽·波平斯》（*Mary Poppins*）[1] 中有一首歌还唱到"安全地投资在银行里的两便士将会产生复利"。[18]

用学术语言讲，复利是指以固定利率投资的金额将按几何级数而不是算术级数增长。说简单一点，这意味着本金和利息一起都会随着时间的推移而增加。也就是说，如果你以 10% 的年利率投资 100 英镑，每年你会收到 10 英镑的利息。然而，如果你接着把这 100 英镑本金和 10 英镑的利息一起进行再投资，你接下来就会得到 11 英镑的利息，100 英镑就变成了 121 英镑。

---

[1] 原著是英国家喻户晓的儿童文学作品，讲述的是一位魔法保姆与在银行工作的班克斯先生一家的故事，中文译为《随风而来的玛丽·波平斯阿姨》，作者是帕·林·特拉弗斯（P. L. Travers）。电影又名《欢乐满人间》，是 1964 年由美国迪士尼影业公司出品的奇幻音乐喜剧。——译者注

相比简单地把每年的利息（或股息）都收入囊中，你的钱在长期的储蓄和再投资中会增长得更快。

即使是不产生任何定期收益的资产，也可以从复合增长中受益，其原理是类似的。假以时日，即使是年收益率上的微小差异（无论是通过获得利息、分红还是资本增长）都有可能产生重大影响。例如，在 50 年的时间跨度中，若年收益率能够从 1% 被提高到 2%，你得到的就是让 100 英镑增长到 164.46 英镑和增长到 269.46 英镑之间的差异。

有的人利用这一原理，加上一些精明的投资和极致的节俭，让自己变得十分富有。在 19 世纪的美国，家族继承人赫蒂·格林（Hetty Green）女士曾将一笔 1865 年时价值 630 万美元（其中大部分由信托基金持有）的小额财富变成了于她 1916 年去世时价值高达 2 亿美元（相当于今天的 46 亿美元）的财富。这使她成了美国最富有的人之一。[19]

而在 20 世纪，公务员安妮·谢贝尔（Anne Scheiber）将一个在她 1944 年退休时价值不过 21 000 美元的投资组合（以及 3 100 美元的公务员退休金）到她 1995 年去世时变成了 2 200 万美元。[20]

案例研究

挪威的 1 万亿美元储备金

储蓄和复利并不是只能造福个人投资者。1969 年 12 月，人们在北海首次确认发现了大型油田。到了 1973 年，人们可以很明显看出，挪威政府正坐拥大量的"黑金"。通过对石油公司征收高额税收，挪威政府确保了这笔丰厚收入产生的大部分资金能够流回挪威政府。在接下来的20年里，奥斯陆政府用这笔钱资助了一项日益慷慨的公共支出。

然而，一些问题渐渐显露了出来。由于挪威的整体经济是与石油价格挂钩的，而石油收入往往会在经济表现良好的同时维持高位，这因而造成了通胀。相反，当油价处于低位时，挪威政府将遭受石油收入和一般税收收入同时下降的双重打击，迫使挪威政府在全面经济衰退之际实行痛苦的削减方案。在经历了几次反复的繁荣萧条周期后，挪威人受够了，并决定还是把额外的石油收入存起来更好。

于是，在1996年，挪威人设立了一个主权财富基金（Sovereign Wealth Fund），目的是将收入用于投资债券和股票的组合。起初，只有一小部分的石油收入通过这种方式被积累下来，第一笔入账资金只有3.25亿美元，但很快，大部分的石油收入都被投入了主权财富基金，在接下来的20年中，共有5 600亿美元进入了该基金。虽然其中约3%的资金将作为股息返还给挪威政府，但其余部分将被用于再投资。结果是，该基金在2017年9月突破了1万亿美元大关——相当于挪威523万人口每人拥有近20万美元。[21]

怎样投资才能确保舒适的退休生活？

像赫蒂·格林和安妮·谢贝尔这样极致节俭的人，之所以能积累巨额财富是因为她们把生活开销压缩到了极致（比如格林就获得了"华尔街女巫"的外号）。不过好消息是，假如你的目标只是确保自己能过上一个舒适的退休生活，而非变成超级富豪，那么复利和复合增长的神奇之处就在于，你可以通过做出相对小的牺牲来达到你的目的——前提是只要你不断存钱、将收入进行投资并且（最关键的是）持续投资。

预测一个人的养老金储备是很复杂的，因为人们的工资（和储蓄能力）会随着工作生活而不断发生变化。

即便如此，我们假设一个 23 岁的人在接下来的 45 年里平均年收入为 35 000 英镑（目前英国的全职员工平均工资）。如果他们每年遵照建议将 15% 的收入存起来（包含养老金自动缴纳的 4%，雇主缴纳的另外 4%，以及 7% 的额外储蓄），也就是每年额外储蓄 2 450 英镑，总计 5 250 英镑。然后，让我们假设他们将这部分收入进行投资和再投资的实际回报率是 3%。考虑到股票和债券的长期回报，这是一个可以实现的目标。如果他们持续这样投资下去，最终，他们将在 68 岁时拥有相当于 50 多万英镑的实际收入，这将足以确保舒适的退休生活。

坏消息是，那些延迟启动养老金计划的人（无论出于什么原因），或者只是依靠自动缴存而不额外存一笔钱的人，最终得到的养老金总额将少得多。

　　举个例子，一个直到 33 岁才开始养老金计划的人在 35 年之后只能得到 32.5 万英镑。同样，若一个人从 23 岁就开始缴纳养老金，但没有在自动缴纳的 2 800 英镑的基础上存入额外的资金，那么到 68 岁时，他也只能得到 25 万英镑。在上述任何一种情况下，他们都将不得不接受较低的退休生活水平，这将导致他们在之后的几年里需要大幅增加额外的储蓄，或者为了获得更高的回报而承担更多风险。

　　的确，在 23~43 岁这 20 年当中只依靠自动缴纳存储养老金的人，如果想要在 68 岁时得到 50 万英镑的养老金，就需要在剩下的 25 年里，确保每年存入养老金计划的资金达到 9 000 英镑，这一数额相当于他们工资的四分之一还要多。

　　从中得出的教训很简单：如果你想把握拥有舒适退休生活的最佳机会，而不必在晚年节衣缩食，那么尽早开始储蓄并在自动养老金缴费的基础上投入额外的金额是绝对值得的。

重点知识

1. 人口老龄化和逐步取消最终薪资养老金意味着你不得不为自己的退休生活负起责任。同时，你也可能有其他的投资目标（如为购房而储蓄）。

2. 在开始投资之前，你需要先将自己的财务状况梳理清楚，让你的支出低于你的收入。

3. 可供投资的两类资产分别是股票和债券。投资股票是指你购买一个公司所有权的部分股份，投资债券则是你将钱借给公司以赚取有效回报。

4. 在过去 100 年中，股票的收益率表现平均每年比债券高 4% 左右。

5. 股票之所以具有更高的回报，主要原因在于它可能会剧烈波动，尤其是在短期内。

6. 投资期限越长，你投资组合中分配给股票的比例就应该越大，因为相对于债券和现金而言，股票的风险会随着时间的推移而减少。

7. 假如你有足够的存款，并能够坚持将利息或股息进行再投资，你就可以利用复利（和复合增长）的过程使你的初始资金翻倍。

8. 如果你想把握拥有舒适退休生活的最佳机会，而不必在晚年节衣缩食，那么要尽可能早地开始储蓄并在自动养老金缴费的基础上进行额外的投资。

注释

1. J Stittle. Britain's great pension robbery: How defined benefits schemes became a thing of the past, *Independent*, 10 August 2018, www.independent. co.uk/news/business/analysis-and-features/pension-retirement-defined-benefit-contribution-fundsrisky-a8479426.html (archived at https://perma.cc/GP2Z-5MKW)

2. Department for Work and Pensions (2021) Benefit and Pension Rates 2021 to 2022, www.gov.uk/government/publications/benefit-andpension-rates-2021-to-2022/ (archived at https://perma.cc/SX45-KX63)

3. J W Vaupel, F Villavicencio and M-P Bergeron-Boucher. Demographic perspectives on the rise of longevity, Proceedings of the Natural Academy of Sciences, 2021

4. *Norway Today*. Scientist thinks the world's first 200-year-old person has already been born, 23 March 2017, tinyurl.com/67bzeetc (archived at https://perma.cc/S7X5-2DMQ)

5. The Money Charity. The Money Statistics March 2021, themoneycharity.org.uk/money-statistics (archived at https://perma.cc/RN2S-44KY)

6. BBC Business News. RBS share consolidation takes effect, 6 June 2012, www.bbc.co.uk/news/business-18341263 (archived at https://perma.cc/R4PC-VWFL)

7. E Dimson, P Marsh and M Staunton (2020) *Credit Suisse Global Investment Returns Yearbook* 2020, Credit Suisse, London

8. D Brett. How the FTSE 100 returned 122% in 20 years but barely moved, Schroders, 18 February 2020, www.schroders.com/en/uk/tp/markets2/markets/dividend-reinvestment/ (archived at https://perma.cc/NA3R-4A4B)

9. J Latson. The worst stock tip in history, *Time*, 3 September 2014, time.com/3207128/stock-market-high-1929/ (archived at https://perma.cc/XN85-TW2C)

10. Robert Shiller. US Stock Markets 1871–Present and CAPE Ratio, www.econ. yale.edu/~shiller/data.htm (archived at https://perma.cc/YCM5–U52W)

11. M Kolakowski. A brief history of US bear markets, Investopedia, 24 May 2021, tinyurl.com/yfvx992r (archived at https://perma.cc/FW9F–NU7U)

12. M Milevsky (2017) *The Day The King Defaulted: Financial lessons from the stop of the exchequer in 1672*, Palgrave Macmillan, London

13. *Financial Times*. New Zealand: hitting targets is crucial, www.ft.com/content/ eeaafed0–df9d–11e0–845a–00144feabdc0 (archived at https://perma.cc/ M88J–YJAM)

14. Moody's Investors Services (2018) Annual default study: Corporate default and recovery rates, 1920–2017, New York

15. E Dimson, P Marsh and M Staunton (2020), *Credit Suisse Global Investment Returns Yearbook* 2020, Credit Suisse, London

16. J Siegel (2014) *Stocks for the long run: The definitive guide to financial market returns and long-term investment strategies*, 5th edn, McGraw–Hill Education, New York

17. E Dimson, P Marsh and M Staunton (2020) *Credit Suisse Global Investment Returns Yearbook* 2020, Credit Suisse, London

18. R Evans. When saving for 10 years pays more than saving for 40, *Daily Telegraph*, 7 April 2014, www.telegraph.co.uk/finance/personalfinance/ investing/10742396/When–saving–for–10–years–paysmore–than–saving– for–40.html (archived at https://perma.cc/6LJX–V7NF)

19. J Wallach (2013) *The Richest Woman in America: Hetty Green in the gilded age*, Anchor Books, New York

20. M Partridge. The world's greatest investors: Anne Scheiber, *MoneyWeek*, 13 October 2017, moneyweek.com/474568/the–worlds–greatestinvestors–anne– scheiber (archived at https://perma.cc/AJM5–SE54)

21. P Cleary (2017) *Trillion Dollar Baby: How Norway beat the oil giants and won a lasting fortune*, Biteback Publishing, London

第二章

管控风险

所有的投资都存在一定程度的风险，尤其是那些回报较高的投资。明白这一点很重要，如若你所承担的风险超出了你能轻松应对的程度，你会表现出严重的焦虑和担忧，这将最终使你从额外的金钱奖励中获得的幸福感荡然无存。好消息是，你可以通过多种多样的方式调节风险水平，例如，在周期性股票或防御性股票之间进行选择，调整你的债务金额，或者选择是否投资非流动性资产。不过说到底，只有分散投资才能令我们尽量改善在风险和回报之间所做的取舍，尽管过度分散投资也是有缺陷的。

风险管理究竟是什么？

我们都喜欢自欺欺人地认为，我们的投资成功完全归功于自己过人的投资技能或眼光。

但很明显，无论我们事先做了多少计划和准备，（是否有）运气依然在决定我们的投资结果方面发挥着重要作用。

有时候这会是一件特别好的事。例如，在 1986 年上市后的头 10 年里，微软的股价飙升了 100 多倍，公司里从程序员到秘书，凡是获得股票期权并依然持有这些股票的各级员工都变成了"微软百万富翁"。[1]

无独有偶，涂鸦艺术家崔大卫（David Choe）就曾目睹自己为脸书①（Facebook）总部大楼彩绘赚得的价值 6 万美元的股票，在 2012 年脸书上市时变成了 2 亿美元。[2]

当然，坚持持有自己股份的微软员工和崔大卫都是值得称赞的，因为他们不可能确切地知道自己的投资到后来会被证实是如此有利可图。不过他们也都很幸运，因为比尔·盖茨（Bill

---

① 现改名为元宇宙。——编者注

Gates）和马克·扎克伯格（Mark Zuckerberg）都拒绝了竞争对手想要以更低价格收购他们所创立的公司的提议，不然，这将大大减少这些股票持有人的收益。[3]

同样，在自己公司投入了共计 100 亿美元的雷曼兄弟（Lehman Brothers）的雇员们也是应该被批评的，由于他们没能以更具怀疑的态度看待自己的雇主，这导致他们不仅没了工作，也没了金钱。[4] 不过，至少他们可以把部分责任归咎于幸运女神——她在巴克莱银行（Barclays）无法以 40 亿美元收购即将倒闭的雷曼公司时，以 "一种非常不淑女的方式转身离开了"［引用内森·底特律（Nathan Detroit）在电影《红男绿女》（*Guys and Dolls*）中的台词］。[5]

事实上，在金融危机的早期，我也曾犹豫是否要把我某次暑假打工赚来的钱投入雷曼的股票里，因为那时它的价格真的是便宜得十分诱人。好在我明智，把钱用来偿还了我的学生贷款。

所有的投资都具有不确定性因素（它们有好有坏），不仅如此，人们对待风险的态度也是天差地别，这就使情况变得更加复杂了。

不过，虽然人们的风险承担程度取决于多种因素，比如年龄、性格，以及其他收入来源情况，但大多数人会期望通过承担额外风险来换取更高的回报。

对于我们的集体风险规避行为，最简单的解释来自经济学家所说的 "边际效用递减"。

通俗点讲，边际效用递减就是我们拥有的某种物品越多，每增加消费一单位物品我们从中获得的额外满足感就越少。（美国）国家经济研究局（National Bureau of Economic Research）的贝齐·史蒂文森（Betsey Stevenson）和贾斯汀·沃尔弗斯（Justin Wolfers）在 2008 年的一项研究证实了这一点，该研究表明，金钱和幸福之间的关系是不成比例的。也就是说，如果你的财富或收入突然间翻了一番，那么你会觉得更幸福，但快乐程度达不到原来的两倍。[6]

这意味着，损失 1 000 英镑对我们的幸福感造成的伤害要大于赚到 1 000 英镑给我们幸福感带来的提升，因此，我们会希望从涨势中获得更多的好处，以弥补风险可能造成的损失。

当然，一些人可能会乐于看到更多的不确定性——前提是它能带来更高的潜在收益。据称，罗斯柴尔德男爵（Baron Rothschild）曾被一位朋友问到，自己应该选择潜在收益丰厚但安全性较低的债券，还是选择回报较低（但更安全）的替代方案。听说这位传奇金融家是这样回答的："如果你想吃山珍海味，那就搏一搏第一个。如果你想睡得安稳，就投第二个。"[7]到最后，风险管理不仅是要分辨如何在两者之间做取舍，也是在探究安全性和收益率哪个对你来说更为重要。

多元化投资 ① 是什么，它为什么是"金融投资领域唯一的免费午餐"？

降低风险的办法之一，就是采取莎士比亚笔下《威尼斯商人》（*The Merchant of Venice*）中安东尼奥（Antonio）的建议，他曾告诉朋友为什么完全不担心自己的货物丢失，因为"我做买卖，成败并不完全寄托在一艘船上，更不是依赖一处地方"。

多元化投资是指将投资分散配置在多种不完全相关的资产上，在不影响预期收益的情况下，降低投资组合整体的风险水平。

在安东尼奥的例子中，他将多艘货船发往不同的港口，这意味着它们同一时间全部沉没的风险变低了。

由于我们是风险厌恶者，分散投资所带来的好处，这种对我们在风险与回报之间所做的取舍的改善，相当于为我们增加了回报。因此，多元化被称为"金融投资领域唯一的免费午餐"也就不足为奇了。这句话出自哈里·马科维茨（Harry Markowitz），他因多元化投资方面的研究于 1990 年获得诺贝尔经济学奖。[8]

不过，我们的投资最好比安东尼奥的再分散一些，因为后来的事实证明，他的财富也只是集中在四艘货船上，而当这四艘船

---

① Diversification，亦被称为多样化投资、分散投资、多元化资产配置等。——译者注

都消失在大海之中时，他也只能随之破产了。

　　同样的道理也适用于股市。1977 年，纽约大学的埃德温·埃尔顿（Edwin Elton）和马丁·格鲁伯（Martin Gruber）的一项研究发现，相比于只投资于一家公司股票的投资组合，投资组合被拆分成两家不同公司的股票可以减少近一半的总体波动性。若将你的投资组合拆分成 10 家不同公司的股票，波动性则会继续降低，而若将公司的数量增加到 20 家，波动性还能进一步降低。[9]

　　总体而言，将资金在不那么相关的公司股票之间进行拆分时，多元化效果最好。一个由一家汽车制造商、一家银行和一家超市构成的投资组合，比起仅由 10 家银行或 10 家超市构成的投资组合，能更有效地降低风险。

　　虽然后者能规避掉那些由个别公司造成的风险，但它无法减少整个银行行业所具有的风险。例如，加强银行监管将增加银行的合规成本，并且减少银行的赚钱机会，这至少在短期内会损害所有银行的收益。

　　同样，电子商务的崛起给绝大多数实体零售企业造成了重创，无论是英国的玛莎百货（Marks & Spencer）还是美国的沃尔玛（Walmart）都被重创。

多元化投资只适用于股票吗？

多元化投资不仅需要购买多种不同公司的股票，它同样也需要拥有不同种类的资产。

比如，有研究表明，长期来看，股票的回报与债券的回报之间几乎没有相关性，也就是说，股票市场和债券市场的走势很少会保持一致。

这其中一部分原因与所谓的"经济周期"有关。富达投资（Fidelity）的研究发现，在1950—2018年，股票通常在经济复苏或繁荣的时候表现最好，因为这期间消费者支出更多、公司获利更多、投资者更乐观且愿意承担更多风险。

然而，当经济开始走向衰退期，消费者支出减少、利润枯竭、投资者开始恐慌、股价开始滑落。相比之下，这时的债券（尤其是较长期的债券）就变得很吃香了。因为它们不仅更可靠（因为债券持有人对一家公司赚到的任何钱都有优先索取权），还因为它们被投资者视为"避风港"，所以人们希望购买更多债券，进而推高了债券价格。

现金产品（或超短期债券）则在经济周期的所有阶段都表现得差不多好（或差）。[10]

一些投资者喜欢利用这一点，通过调整他们投资组合的重心，以期预测经济周期（我们将在第十章讨论这一点）。然而，股票市场和债券市场在经济周期的其他阶段表现也不同。这个事实意味着，即使是最激进的投资者，他们的投资组合也应该至少包含一些债券，而即使是最厌恶风险的投资者也应该持有一些股票。

英国 Courtier 资产管理公司（Courtier Asset Management Limited）的一项研究发现，在 1899—2015 年，英国国债（金边债券）在短期内的波动性远低于股票。不过，归功于分散效应，一个将债券和股票平均分配的投资组合每年的短期波动率与全债券投资组合的几乎相同，但前者的年回报率却要比后者的高得多。[11]

一条很好的经验法则是，投资者在投资组合中的持有的股票比例不应超过 80%，但也不应低于 25%。

你的投资组合中应该包含多少家公司？

对投资组合进行多元化配置，即将其在不同公司的股票之间进行分拆，可以改善风险和回报之间的平衡。

由此，许多投资类书籍会建议，你在理想的情况下应该购买 30~40 家不同公司的股票，这也不足为奇。

然而，我认为这种建议不仅不切合实际，而且还很糟糕，主要原因有以下 4 点：

- **收益递减。** 就像每份额外的钱所带来的快乐会递减一样，增加手中所拥有的不同股票的数量所带来的额外收益也会递减，且超过某个点之后，其对降低风险的帮助几乎为零。纽约大学的埃尔顿和格鲁伯在他们的研究中还发现，投资组合中公司的数量在超过 20 家之后，对风险就几乎没有影响了，就算是一个拥有 1 000 家公司股票的投资组合的风险水平也只比拥有 20 家公司的组合略低一点点。[12]

- **交易费用增加。** 由于大部分券商仍然按每笔交易收取固定费用，因此买卖很多公司的少量股票通常比对少数公司进行大额交易的成本要高得多。

- **花费更多时间精力。** 股票交易所涉及的不仅是财务方面的成本。如果你想有更大的机会跑赢大盘，你就必须做一些研究（如看公司年报，追踪有关公司的新闻报道，阅读研究报告等）。一旦你购买了一只股票，那么紧跟时事动态是很有必要的。所有这一切都需要花费时间。据我估算，我需要花费大约一个工作日的时间来构思和写作，才能为我每两周一次的专栏写出一篇经过充分研究的投资建议。因此，如果你把这个耗时乘以 30 或 40，那么投资本身就有可能变成了一份全职工作，或者至少会开始占用你周末和晚上的时间。

- **机会是有限的。** 股票市场可能（也确实会）犯错，不然所谓跑赢大盘就没有存在的意义了。然而，市场上真正的机会是有限的，因此，有必要把注意力集中在你最感兴趣的几个公司上。你的投资组合越庞大，你就越不得不去依赖那些不那么有吸引力的公司。

1885 年，美国实业家安德鲁·卡内基（Andrew Carnegie）告诉宾夕法尼亚州匹兹堡市库里商业学院的学生，他们应该"把所有的鸡蛋都放在一个篮子里，然后好好看着那个篮子"，而不是盲目效仿一个试图同时提着很多篮子的人，而最终却被这些篮子"绊到并摔倒"。[13]

当然，我也没有那么极端，我建议你瞄准一个"最有效区（sweet spot）"，即一个能够实现多元化、重新找到风险与回报之间的平衡，又不至于太分散、使投资组合变得难以管理的区域。这个最有效区就是由 10~20 家不同公司的股票构成的投资组合。

如果你觉得持有至少 10 家不同公司的股票都令自己望而生畏，那么你最好避开个股，转向投资规模较小的基金或信托组合。美国的研究表明，持有 4~5 只不同的基金就足以消除大部分超额风险。[14]

周期性股票和防御性股票有什么不同？

大量买入不同的股票并不能完全消除投资组合中的风险，因为个股的股价往往与整体市场的走势相似，尤其是当市场十分繁荣或接近崩盘的时候。

例如，在 2008 年国际金融危机期间，随着世界范围的股市暴跌，富时 100 指数的股票中只有 7 只的价格在年底收盘时高于年初。[15] 同样的道理，当第二年股市反弹时，富时 100 当中有 80 家公司的股价都随之上涨。[16]

不过，虽然大多数股票都或多或少会受到市场的影响，但有些股票的受影响程度远高于其他股票。

被视为"防御性"的股票通常是受市场波动影响较小的股票，而那些更敏感的股票则被视为"周期性"股票。也就是说，防御性股票在经济不景气的时候往往表现得更好（或不那么糟糕）。

在 2008 年的股市大灾难中，相对表现最好的富时 100 股票是：能源公司（英国能源）、制药公司（阿斯利康）、餐饮公司（康帕斯）和贷款回收公司（益博睿），所有这些行业都属于传统上被视为"防御性"的行业。而表现最差的自然是周期性更强的银行和采矿业的股票。[17]

总体而言，防御性和周期性股票有点像是在广阔的市场中航行的船只。正如莎士比亚在《特洛伊罗斯和克瑞西达》（*Troilus and Cressida*）中指出的那样：在天气（即市场）好的时候，单薄的"一叶小舟"（如周期性股票）似乎表现得和大一些的船（防御性股票）一样优异（甚至更好）。然而，当天气骤变（或市场下跌）时，"坚固的大船"大都幸存下来，而"不自量力的小舟"将葬身海底。

确定某只股票是周期性还是防御性的一个方法是检查其背后的公司所从事的行业类型。如果它销售的商品和服务是对需求波动敏感的奢侈品，那么它的股票很可能是周期性的。相比之下，那些销售必需品（如公共产品和食品）的公司的股票往往更具有防御性。

虽然防御性股票在市场不景气时可能是不错的投资选择，但在繁荣时期，它们的上涨表现往往不及大盘。因为随着时间的推移，人们在能源和食品等必需品上的支出比例有所下降，那么这些行业为投资者带来的回报会相对较低也就不足为奇了。

除非你特别厌恶风险，或者坚信市场即将崩溃，不然，刻意将投资组合中所包含股票限制在防御性股票上将会让你感到深深的挫败，同样，我也不会刻意避免持有防御性股票。

什么是杠杆——以及它为什么危险？

在莎士比亚的《哈姆雷特》中，波洛涅斯（Polonius）或许曾建议自己的儿子雷欧提斯（Laertes）"不要向人借贷，也不要借钱给人"，但借钱来扩大你的投资组合规模，也就是使用所谓的杠杆，可能会提高你的回报。

举个例子，A 投资者用 5 万英镑的现金购买股票。如果股市上涨 10%，他的投资组合价值也会随之上涨至 5.5 万英镑，也就是他的财富比原来多了 5 000 英镑。B 投资者同样有 5 万英镑，但她决定再去借 5 万英镑，这样她就可以购买价值 10 万英镑的股票。如果股市上涨 10%，她手里的股票价值就变成了 11 万英镑。即使扣除额外的债务，她投资组合的净值（也被称为股本）也将会有 6 万英镑，那么她的利润（不算债务利息支付）就是 1 万英镑，而 A 投资者的利润只有 5 000 英镑。

杠杆的一个衡量指标是你的总资产与你的股本（净资产）之间的比率。在上面的例子中，A 投资者没有使用任何杠杆，因此他的总资产和股本都是 5 万英镑，杠杆率为 1 ∶ 1。然而，B 投资者拥有价值 10 万英镑的资产，却只有价值 5 万英镑的股本，因此她的杠杆率为 2 ∶ 1。

使用杠杆的一个方式是"以保证金"来购买股票。这种方式下，券商允许你以某个比例的首付款加借款的形式购买股票。保证金的计算方法是用股本（净资产）除以总资产，因此 50% 的保证金相当于采用了 2 ∶ 1 的杠杆率。

对杠杆的使用就是专业交易员和对冲基金可以从看似微不足道的价格波动中获得巨额回报的原因（它也是每当市场小幅下跌时，记者们都会上气不接下气地讨论"市场崩溃"的原因）。

使用杠杆最多的是外汇市场，在那里，短期交易者的保证金通常为 5%（即杠杆率为 20 ∶ 1），这使他们的购买力提高到 20 倍。不过在美国，交易者可以只使用 2% 做保证金（这使他们能够购买价值为初始存款价值 50 倍的外币）。[18]

令人难过的是，杠杆可能是一把双刃剑：如果事情进展顺利，杠杆会放大收益；但如果事情出现闪失，杠杆也会增加损失。

B 投资者通过借款 5 万英镑让自己的投资组合翻倍至 10 万英镑，他的这个决策看似聪明，前提是在市场上涨 10% 的时候。但如果市场下跌 10%，他的投资组合总值就会缩水到 9 万英镑，他的股本将减少为 4 万英镑，这造成 1 万英镑的损失。相比之下，10% 的市场下跌会令 A 投资者的总资产（和股本）都减少至 4.5 万英镑，而这只造成了 5 000 英镑的损失。

更严重的是，如果股价减半，B 投资者的股票价值就会变成 5 万英镑，与他的欠款相等，这会完全抹掉他的股本（净资产），而 A 投资者依然拥有 2.5 万英镑的股本。

在华尔街崩盘期间，许多人艰难地发现了这一点，这些人在市场最高点之前以保证金购买了股票，他们当时只需支付股票总价的 10% 并借入其余部分。而当价格暴跌时，他们收到了股票经纪人的"追加保证金通知"，并被迫清算自己的投资组合。最后，他们被强制平仓了，这意味着当股价最终恢复时，他们也无权获益了。[19]

需要注意的是，如果你真的使用杠杆，那么仅仅在你所投资的股票（或其他资产）上实现盈亏平衡是不够的，因为你还必须为你的借款支付利息。只有当预期回报高于你所需要偿还的利息时，使用杠杆才有意义，否则你最终只会赔钱。

总体来说，对大多数投资者而言，以保证金购买股票并不是一个好主意，除非你非常清楚自己在做什么，并准备好接受一切有可能出现的风险。

为什么流动性很重要？

在莎士比亚的《雅典的泰门》（*Timon of Athens*）中，泰门一直在任意挥霍，积累了巨额债务，这时，他的债主开始要求他还钱。尽管一开始借款累积的金额较小，而且泰门拥有大量的土地和家产，但他手头缺乏现金的情况意味着他不得不去乞求朋友紧急借款。当他们以自己也没有任何可用的现金为借口拒绝时，泰门很快就陷入破产，一无所有、被迫流亡。

这种没有可用的现金或缺少可快速变现的资产的情况被称为流动性不足（illiquidity）。

当你可以简单快速地将一种资产以接近"票面"价值转换为现金时，这就代表该种资产具有流动性，如果这样做很困难、成本很高，或者你必须折价出售，这就代表此种资产不具有流动性。

活期账户中的资金流动性极强，因为你可以轻松地从中取款或用它来结算账单。相反，房产中的价值就很难快速得到释放，因为出售，哪怕只是重新抵押，你的房屋都可能十分耗时伤财，而且如果你想尽快出手，可能还会被要求降低价格。

股票通常被认为是流动性相对较强的资产，尤其是那些在主要交易所大量交易的股票，通常都可以轻松地买卖。

例如，虽然所有股票都有单独的买入价和卖出价，但富时100指数中的公司的这两者之间的差距（称为"'买入／卖出'价差"）都很小，通常不到0.5%。

然而，对于流动性差得多的小公司来说，这个价差要大得多，在面对一些"低价股"时，你可能发现自己不得不以逼近买入价50%的大幅折扣出售。更糟糕的是，一些低价股的流动性非常差，因此从你开始出售它们的那一刻起，它们的价格就开始下滑，到最后你要以远低于预期的价格出售它们，而大公司的股票就不会发生这种事情。

总的来说，在将所有或大部分资金投入非流动性资产之前，你应该三思，因为如果有突发的资金需求，你可能最终不得不亏本出售这些资产。毕竟，意料之外的事情有一个特点，那就是它总在最不该发生的时候发生。

尽管如此，完全回避非流动性投资也不是一个好主意。由于大多数投资者认为缺乏流动性是不好的，因此流动性较低的资产往往要以更低的交易价格同容易出售的资产交换。更重要的是，持有股票的时间越长，你能用来分摊成本的时间也越长。

因此，虽然小公司的流动性通常不如大公司，但它们的长期表现往往要好得多，这并不奇怪。

事实上，在 1955 年年初买入微型公司股票的每 1 英镑，到 2019 年年底都达到了 28 833 英镑的平均价值。相比之下，同时期投入（通常流动性更强的）大型公司股票的每 1 英镑，在相同时间内"仅"增长到平均 1 112 英镑。类似的情况在美国也能观察到（尽管没有那么显著）。[20]

虽然流动性并不是"规模效应"（即为什么小公司能表现得更好）的唯一解释，但沃顿商学院的马歇尔·布卢姆（Marshall Blume）和罗杰·斯坦博（Roger Stambaugh）在 1983 年进行的一项研究估计，至少有一半的"规模效应"可以用买卖差价的差异来解释。[21] 耶鲁大学教授罗杰·伊博森（Roger Ibbotson）后来的研究也得出了类似的结论。[22]

案例研究

大卫·史文森（David Swensen）如何利用非流动资产为耶鲁大学积累财富

大卫·史文森是一位著名的投资大师，他开创了使用非流动性投资来增加回报的投资方法。直到 20 世纪 80 年代中期，耶鲁大学和大多数同类机构一样，将手中的捐赠基金投资于流动性相对较强的资产，比如大公司的股票和债券。然而，当史文森成功结束了自己作为投资银行家的职业生涯之后，在 1985 年接任耶鲁大学首席投资官一职时，他采取了完全不同的投资方式。

史文森（在他的副手高桥院长的帮助下）意识到，耶鲁大学在任意时候都只需要动用捐赠基金的一小部分，这一事实意味着耶鲁大学拥有相对较长的投资期限。这代表着他可以安全地将资金配置到那些被更短期投资者摒弃的非流动性资产上，因为史文森知道耶鲁大学不会被迫在短时间内变卖这些资产。结果，史文森将耶鲁大学的很大一部分捐赠基金转投入流动性较低但获利潜力更高的投资形式，例如投资私募股权。

这种通过承担其他（更短期的）投资者无法承担的流动性风险来寻求更高收益的策略得到了丰厚的回报，耶鲁大学的投资组合平均每年收益率为 14.4%，这远高于 1985 年至 2015 年间美国股市每年 10.8% 的收益率。事实上，史文森获得的成功是空前的，因此其他大学挖走他之前的一些门生，希望他们能采用类似的策略管理它们的资金。2015 年，《华尔街日报》估计，史文森和他的门生们控制着所有美国大学 15% 左右的基金。[23]

那么，如果流动性较低的股票和资产能跑赢市场，你是不是就应该自动去投资它们呢？

简而言之，要视情况而定。如果你现在不需要投资有收入，并且可以在资产价值波动时按兵不动，那么是的，专注于这些资产是有意义的。然而，在危机时期，人们在心理上很难不做出出售非流动性资产的决定，即使你并不需要这笔钱，也清楚地知道如果这样做，自己的收益将被交易成本侵蚀。

重点知识

9. 任何投资都有一定程度的风险。因为人都厌恶风险，所以你可以通过承担额外的风险来换取更高的回报。

10. 在不影响预期收益的情况下，降低风险的唯一方法是使你的投资组合多元化，比如将持股分配到不同类型公司的股票上，甚至是在股票和其他类型的资产间进行分配。

11. 过度的分散化投资（一般来讲指持有超过 20 家不同公司的股票）会造成你的投资组合管理难度加大、费用更高，且不会对降低风险产生额外帮助。

12. 将债券和股票纳入你的投资组合，也有助于增加投资组合的多元化。

13. 防御性股票对市场变化相对不敏感，可以降低你的风险，但回报率往往更低。

14. 杠杆，即用借来的钱扩大你的投资组合规模，如果你成功或幸运地发现了好的投资，它可以提高你的回报。但如果事情出现闪失，它也会放大你的损失，甚至可能让你一无所有。

15. 如果你突然出现资金短缺的情况，那么非流动性资产可能很难迅速变现。然而，从长远来看，它们的回报率可能高于平均水平。

注释

1. R TrApp. The Microsoft Millionaires, *Independent*, 23 October 2011, www. independent.co.uk/news/business/the-microsoftmillionaires-1182910.html (archived at https://perma.cc/C75J-7BYG)

2. E Martin. How this graffiti artist made $200 million overnight, CNBC, 27 September 2017, www.cnbc.com/2017/09/07/how-facebook-graffiti-artist-david-choe-earned-200-million.html (archived at https://perma.cc/EK9A-75DJ)

3. M Hoefflinger (2017) *Becoming Facebook: The 10 challenges that defined the company that's disrupting the world*, AMACOM, New York

4. R Smith, S Craig and A Lobb. The Lehman stock slide hits home: Employees face $10 billion in losses, *Wall Street Journal*, 12 September 2008, www.wsj.com/articles/SB122117966831526067 (archived at https://perma.cc/D69G-XHC2)

5. L Farndon and S Duke. Barclays' Lehman Brothers bid "killed by Financial Services Authority", *Daily Mail*, 12 March 2010, www.thisismoney.co.uk/money/article-1257564/Barclays-Lehman-Brothers-bid-killed-Financial-Services-Authority.html (archived at https://perma.cc/M4CG-4W8W)

6. B Stevenson and J Wolfers. Economic growth and subjective wellbeing: Reassessing the Easterlin Paradox, NBER Working Paper, 2008

7. J Stiles. Black Swan: Strange finance terms explained, The New Daily, 9 October 2016, tinyurl.com/3x29ctza (archived at https://perma.cc/JE3Y-UBS4)

8. H Markowitz. Portfolio selection, *Journal of Finance*, 1952, 7 (1), 77-91

9. E Elton and M Gruber. Risk reduction and portfolio size: An analytical solution, *Journal of Business*, 1977, 50 (4), 415-37

10. Fidelity. The business cycle Approach to equity sector investing, Fidelity Institutional Insights, 2021, institutional.fidelity.com/App/literature/view?itemCode=943044&renditionType= pdf&pos=na (archived at https://perma.

cc/5G3Y–EHRC)

11. J Timpson. Equities v gilts: Which should you choose?, Courtiers Asset Management Limited, 8 August 2018, www.courtiers.co.uk/news–and–insights/ equities–v–gilts–which–should–you–choose/ (archived at https://perma.cc/ YAP9–AN8X)

12. J Timpson. Equities v gilts: Which should you choose?, Courtiers Asset Management Limited, 8 August 2018, www.courtiers.co.uk/news–and–insights/ equities–v–gilts–which–should–you–choose/ (archived at https://perma.cc/ YAP9–AN8X)

13. Andrew Carnegie. The road to business success: A talk to young men, 23 June 1885, tinyurl.com/2n3vakky (archived at https://perma.cc/4Q3A–9QKV)

14. E S O'Neal. How many mutual funds constitute a diversified mutual fund portfolio?, *Financial Analysts Journal*, March/April 1997

15. G Ruddick. FTSE 100 suffers worst ever year, *Daily Telegraph*, December 2008, www.telegraph.co.uk/finance/markets/4045001/FTSE–100–suffers–worst–ever–year.html (archived at https://perma.cc/N3F4–856Z)

16. P Scott. FTSE 100 rallies 22% in 2009, This Is Money, 31 December 2009, www.thisismoney.co.uk/money/markets/article–1686401/FTSE–100–rallies–22–in–2009.html (archived at https://perma.cc/Z39C–36YG)

17. G Ruddick. FTSE 100 suffers worst ever year, *Daily Telegraph*, December 2008, www.telegraph.co.uk/finance/markets/4045001/FTSE–100–suffers–worst–ever–year.html (archived at https://perma.cc/N3F4–856Z)

18. R Green. New CFTC Forex Trading Rules Call For 50:1 Leverage, *Forbes*, 2 September 2010, www.forbes.com/sites/greatspeculations/2010/09/02/new–cftc–forex–trading–rules–call–for–501–leverage/?sh=649fcdad328b (archived at https://perma.cc/4KH6–G3YP)

19. G Smiley and R H Keehn. Margin purchases, brokers' loans and the bull market of the twenties, *Business and Economic History: Journal of the Business History Conference*, 1988, 17, 129–142

20. E Dimson, P Marsh and M Staunton (2020) *Credit Suisse Global Investment Returns Yearbook* 2020, Credit Suisse, London

21. M E Blume and R Stambaugh. Biases in computed returns: An Application to

the size effect, *Journal of Financial Economics*, 1983, 12 (3), 387–404

22. R Ibbotson, Z Chen, D Kim and W Y Hu. Liquidity as an Asset Style, *Financial Analysts Journal*, 2013, 69 (3)

23. M Partridge. The world's greatest investors: David F Swensen, *MoneyWeek*, 20 May 2016, moneyweek.com/439945/the–worldsgreatest–investors–david–f–swensen (archived at https://perma.cc/RM46–537T)

第三章

心理因素在投资中的作用

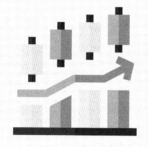

投资者也是人，也会受到情绪的影响。这一点很重要，因为这意味着不论是个股还是整个市场都时不时有可能出现不那么理性的表现，导致它们比你依据基本面所做出的预期更便宜或更贵。所以要了解自己的不足、控制自己的情绪，同时也要认识到他人的不足，这样不仅可以帮助你成为一个更优秀的投资者，避免做出错误的投资决策，还可以帮你抓住市场的非理性所带来的投资机会。

股市就像赌场一样吗?

许多人认为金融市场是一种"赌场资本主义",更多的是由恐惧、贪婪和情绪驱动的,而不是由经济逻辑驱动的。如经济学家苏珊·斯特兰奇(Susan Strange)所说,交易员和投资者"就跟赌场中盯着赌博机里旋转跳跃的小银球一动不动的赌客一样"。[1]

同样的情况也曾出现在 1983 年的喜剧《颠倒乾坤》(*Trading Places*)中,由艾迪·墨菲(Eddie Murphy)饰演的比利·雷·瓦伦丁(Billy Ray Valentine)因为莫蒂默(Mortimer)兄弟之间的私人赌注被带离了街头生活,在莫蒂默兄弟试图解释他们公司的经纪业务如何运作时,比利将他们比作"两个赌徒"。

所有这些观点代表了现在所谓的"行为金融学派",该学派认为心理、本能和非理性想法会影响人的金融行为,并在决定股票、债券和其他资产的价格方面发挥了重要作用。

与之相反的极端是"有效市场"或"理性预期学派",它相信有效市场假说:市场是如此有效,因此价格完美地反映了所有公开的信息。在该理论最理想的形式中,价格可以反映所有信息,无论信息是否公开可用。在这个模型下,唯一的变动将是真正的意料之外的事态发展。[2]

虽然有效市场假说更多的是一个抽象模型而非对现实的严格反映，而且它甚至在学术界也失去了很多支持，但有证据表明，金融市场有时的确在根据事件进行快速调整方面表现得惊人的好。

一个典型的例子是市场对 1986 年挑战者号灾难的反应，迈克尔·T.马洛尼（Michael T Maloney）和哈罗德·穆赫林（Harold Mulherin）在他们的文章中对此做出了证明。

当时，4 家公司参与建造了这艘劫数难逃的挑战者号航天飞机，分别是罗克韦尔国际（Rockwell International）、洛克希德（Lockheed）、马丁·玛丽埃塔（Martin Marietta）和莫顿聚硫橡胶公司（Morton Thiokol）。在灾难发生当天交易日结束时，罗克韦尔、洛克希德和玛丽埃塔 3 家公司的股价都只是略有下跌，但莫顿聚硫橡胶公司的股价却受到严重打击，即便当时似乎没人知道究竟应该怪谁。直到 6 个月后，灾难事故调查显示，莫顿聚硫橡胶公司生产的部件确实存在问题，而从莫顿股价中蒸发的 2 亿美元也非常接近最终对该公司征收的罚款和损失的利润。[3]

尽管如此，市场有效性的说法也很难解释金融市场中短期剧烈波动的情况，尤其是在事情几乎没有发生变化的情况下。也许只能说，一部分市场波动（如华尔街崩盘）确实是市场对不可预见的经济冲击的理性反映。同理，2021 年 2 月和 3 月初股市的突然暴跌反映了不确定新冠产生的影响会对公司利润造成多大伤害、会持续多久，随后经济又同样戏剧性地复苏了。

然而，其他一些市场走势，如 2000 年年初的互联网泡沫，显然是受到投资者情绪变化影响的。

从更普遍的角度来说，2013 年诺贝尔奖得主耶鲁大学的罗伯特·席勒（Robert Shiller）教授的研究表明，如果算上被研究公司在后来的收益和股息，历史上这些公司的股价波动比人们预期的要大得多。[4]

因此，将金融市场的涨跌与博彩公司[①]的赔率相比较也许并没有那么牵强。毕竟，博彩公司必须确保所设定的赔率接近事件发生的真实概率，同时也必须考虑投注者的偏见和情绪。

这对投资者来说是个坏消息，因为这意味着持有股票的风险比应有的更高，尤其是在短期内。但对于那些有足够的耐心熬过短期的贪婪和恐慌情绪的人，以及那些足够自律、能利用非理性所创造的机会的人来说，这也是个好消息（正如我们在第一章中指出的那样）。

投资者最大的行为缺陷是什么？

借用莎士比亚的《尤利乌斯·恺撒》（*Julius Caesar*）中卡修斯（Cassius）对布鲁特斯（Brutus）说的话，行为金融学教会

---

① 指足球博彩公司。——译者注

我们，很多时候"错处并不在我们的命运，而在我们自己"。换言之，投资者的失败（无论是投资还是生活中）都不单是由于运势不好，或受到不可控的因素影响，而至少有一部分原因要归咎于他们做出的错误决定，这些决定反过来也受人类心理怪癖的影响。

了解这些缺陷可以帮助我们在做决策时避免受到它们的负面影响。同时，也可以帮助你从其他受到它们影响的投资者那里发现机会。

确认偏差（Confirmation bias）是指投资者不断地搜寻可以肯定自己观点的信息，并且更偏好这些信息而非与自己观念相左的信息。虽然一定程度的确认偏差是不可避免的，甚至可能有助于区分重要信息和干扰信息，但它也可能导致人们（和市场）忽略某些关键信息——如果这些信息同样也会引起麻烦的话。纠正确认偏差的一个好方法是强迫自己吸收不同来源的信息，即使它与你当前的观点相矛盾。诚然，这说起来容易做起来难！

近因偏差（Recency bias）是指投资者过多地关注近期发生的事情，并假设它会继续下去。例如，在长期的股市繁荣之后，人们会开始认为持有股票的风险相对较低，从而会进一步推高股价。同样，在股市崩盘后，许多投资者会认为股市再次崩盘的可能性非常高，故有可能转向更安全的资产，从而给股市带来进一步的下行压力。避免近因偏差的最佳方法是尽量从长期的角度出发，不要只依靠少量数据便得出结论。

过度自信（Overconfidence）的缺陷可以有两种表现形式。

比如，你对自己投资能力的过度自信，导致过度交易并承担过多风险。它也可以表现为投资者对某些事情肯定会发生过于笃定，从而忽略或低估了某个事件不发生的可能性。过度自信是人们倾向于系统性地高估小概率事件（如中彩票）出现的可能性的根本原因。纠正过度自信最好的方法是要如实地看待自己的投资技巧，避开自己一无所知的领域，并且要避免对事件做出过于笼统的预测。

锚定效应（Anchoring）是指人们对初始信息太过重视和依赖，哪怕过程中情况已然发生变化，这会导致投资者对某项投资持有的时间过长，尽管最初投资它的理由已经不成立了。与这个效应密切相关的是**沉没成本谬误**（sunk cost fallacy），即不愿承担在投资中已经出现的损失。应对锚定效应和沉没成本谬误最好的方法是不断重新评估持有手中的股票的理由，并在理由不再充分时及时将股票出手，不要考虑你在这只股票上已经损失的钱。

影响最大的行为缺陷或许是**从众效应**（bandwagon effect，也称"羊群效应"），即群体中的每个人都开始模仿占主导地位的成员的行为，原因是渴望模仿别人的成功，或者为寻求安全感而抱团。虽然在古时候，这可能有助于人与人之间建立社会交往，但这种效应可能导致"群体思维（groupthink）"，即市场不再由一群独立的个体所组成，而是表现得更像一个人，这使其更容易受到非理性因素的影响而摇摆。避免从众效应最好的方法是在充分考虑所有证据后，尝试提出自己的观点，而不是仅仅依赖他人的观点。

股票市场泡沫是什么，它是如何产生的？

  有时候，某种资产的价格可能会上涨到远远超出合情合理的程度，因而被视为一种"泡沫"。在 1720 年的英国"南海泡沫事件"期间，南海公司的股票在几个月内飙升了近十倍，随后崩盘，这引起了公众的极大愤怒［并为小说《格列佛游记》（*Gulliver's Travels*）提供了创作灵感］。其他著名的泡沫现象包括 19 世纪 30 年代末和 40 年代的铁路狂热，以及 20 世纪 90 年代后期的互联网泡沫。[5]

  有的人足够聪明（或幸运），在正确的时间买入卖出并赚到了大钱，比如约翰·盖伊（John Guy）就用他在南海公司的股票中赚到的财富在伦敦创立了盖伊医院，而有的人可能会损失惨重。

  艾萨克·牛顿（Isaac Newton）曾通过买入和卖出南海公司的股票赚了很多钱，却因为在该只股票崩盘之前于更高的价格点上进行了回购，结果一把赔光了他的大部分获利。正是因为此事他才说出那句"我能算准天体的运行，却无法预测人类的疯狂"（南海公司曾参与奴隶贸易，而这点导致人们很难对他产生多少同情）。[6]

  有一种模型试图解释泡沫是如何形成的，它就是高德纳技术成熟度曲线（Gartner Hype Cycle）。[7]虽然这个模型主要针对技术领域，但对于分析其他类型的投资同样适用。这个曲线的第一阶段是"技术萌芽期"，也就是一项新技术（或想法）被发现的时候。最初，在这个阶段只有科学家、创业者和专业投资者对投资该技术感兴趣，而公众大多不知情或持怀疑态度。一些公司会开始对该项技术进行商业化，但此时投资机会很有限。例如，投资银行摩根士丹利（Morgan Stanley）1995 年的一份有关互联网技术的报告，首先引起了许多投资者的注意。

第二个阶段是"期望膨胀期"，投资者开始对该领域不断地注入资金，所依据的却是对未来回报的不切实际的预期和对被时代抛在后面的恐惧。他们的行为不断推升股价，而由于人们都试图复制最初的成功，致使股价到达被严重高估的水平。在 1999—2000 年互联网技术泡沫的高峰期，与互联网技术毫不相关的各类公司都想标榜自己为"互联网"公司。

当然，投资的激增和各大公司为了融入潮流而重塑品牌并不是非理性繁荣的唯一迹象。另一个明显的迹象是大量的人想要在该领域工作。在金融危机爆发之前的两年里，我读研究生的大学里几乎所有学生都突然开始期待能到投资银行工作。

第三个阶段是"泡沫破裂低谷期"。随着价格变得越来越疯狂，人们开始恐慌，许多投资者在自己那不切实际的期望没有立即得到满足时失去了耐心。于是投资者停止向该领域投入资金，公司纷纷倒闭，那些仍在运营的公司的股价开始暴跌。例如，亚马逊（Amazon）公司在 2000 年 1 月至 2001 年 9 月期间，不仅股票市值蒸发了 90% 以上，而且许多人认为它可能会破产。[8]

在被称作"稳步爬升复苏期"的第四个阶段中，这项技术开始兑现其先前的承诺，几年前的投资终于得到了回报。与此同时，较低的估值也会吸引投资者重新审视这个市场。到了这个阶段，随着较弱的公司被淘汰，幸存下来的公司往往会经营得更好。

在第五个阶段，这项技术已完全成熟，达到了"生产成熟期"。许多在第一或第二阶段中的小公司现已成为大公司，在大多数投资者的投资组合中占据一席之地，同时市场中的热度已向其他行业转移。就像亚马逊，它不仅从互联网泡沫破裂中完全恢复过来，而且（截至 2020 年 11 月）还成为全球第三大上市公司。

并不是所有的技术和创新都会遵循这个模型，有一些很早就会宣告失败，也有个别的能从第二阶段直升第五阶段。

想要利用泡沫带来的机会，有三种途径。

第一种是做一个早期投资者，从第一阶段开始就投资该技术并坚持到最后（这需要你非常有耐心）。

第二种途径是在第二阶段买入，并期待你能在泡沫破裂之前卖出（这需要把握时机的能力）。

第三种途径就是在这个领域崩盘之后入场，以期在它之后的复苏中获利（这个方法很难，因为届时所有人都在回避这个领域）。

是否应该"传言时买入，证实时卖出"？

"传言时买入，证实时卖出"（buy the rumour and sell the news）是一句有关投资的谚语，目的是建议人们应该在听到有关某只股票的正面传言时及时买入，并且确保要在传言被证实或由新闻报道出来之前卖出。

然而，许多传言最终都会被证实是虚假的，更何况公司董事等有特权的人若利用内部消息牟利或鼓动他人这样做都是违法的。而且内部人士大多有自己的打算（例如试图提升公司股价等）。

来自没有任何直接消息或只有二手信息的人的传言也好不到哪去，因为他们可能就是被误导的，或是基于虚假信息的。

著名的投资者、金融家、曾任多届美国总统顾问的伯纳德·巴鲁克（Bernard Baruch）讲述过自己的一位亲戚的故事，那时这位亲戚刚好听到巴鲁克在电话里谈论一家公司，就立即出门去购买了这家公司的股票。直到在交易中损失了很多钱并找到巴鲁克对质时她才发现，巴鲁克在电话中谈论的压根儿不是要投资它，而是要做空它。[9]

事实上，如果通常对股票市场不感兴趣的人愿意主动提供市场建议，这件事情本身就可能是泡沫的一个迹象。

约瑟夫·肯尼迪（约翰·F. 肯尼迪的父亲）曾声称，自己之所以能避开华尔街崩盘，是因为当擦鞋男孩帕特里克·博洛尼亚

（Patrick Bologna）"告诉我当天市场上各类股票的走势和发行情况"的第二天，便决定卖出手里的全部股票。[10] 虽然博洛尼亚的小道消息使他在股灾发生前短暂地成为小名人，但在黑色星期二之后，他就被迫回到他的老本行，靠擦鞋度过余生，而肯尼迪最终却成了一个坐拥千万资产的家族王朝领袖。[11]

在市场倾向于对传言估计过高的同时，有证据显示，市场也倾向于低估硬消息。

密歇根大学的拉塞尔·伦德霍尔姆（Russell Lundholm）、犹他大学的杰弗里·多伊尔（Jeffrey Doyle）和斯坦福大学的马克·索利曼（Mark Soliman）在 2006 年进行的一项研究中发现，在 1988—2000 年，如果你持有出现过数额巨大且意外的正收益的公司的股票，你就可以获得巨大的超额回报。这种超额回报可以持续两年之久。相比之下，公布过负收益的股票则会持续地表现不佳。[12]

什么是逆向投资？

逆向投资是一种试图利用非理性市场行为的投资策略。它包括找出那些市场对某项资产的情绪正处在极端水平的时机，然后朝着相反的方向部署投资。

　　它有一点像20世纪90年代热播情景剧《宋飞正传》（*Seinfeld*）中的一集，杰瑞（Jerry）的窝囊老友乔治·康斯坦萨（George Constanza）有一天突然决定要按照与以前截然相反的方式行事。神奇的是，他诚实地表达了自己没有理想的约会对象，并羞辱了他最喜欢的棒球队的老板，这些反而帮助他赢得了女孩的关注，并得到了一份梦寐以求的工作。

　　严格来说，逆向投资所逆的是市场的直觉，而不是你自己的直觉。更重要的是，尽管逆向投资有时被视作对市场或资产看跌（或悲观）的同义词，但合格的逆向投资者既愿意看涨也愿意看跌，在某些股票被市场中大部分人回避时及时抢购（并在它们变得过度抢手时及时卖出）。的确，最优秀的逆向投资者是十分灵活的，能够在市场达到某个极端时逆向而行，又能在市场摆向另一个极端时迅速掉头。

案例研究

终极逆向投资者大卫·泰珀

　　大卫·泰珀（David Tepper）是一位传奇的逆向投资者。在他职业生涯的大部分时间里，泰珀一直专注于新兴市场以及交易价格远低于面值的公司债券，因为投资者一般都认为这类债券会违约。泰珀甚至曾经准备购买濒临破产的公司的债券，因为他判断投资者最终会得到比市场预期的更多的钱。他早期最成功的投资之一是阿尔戈马钢铁公司（Algoma Steel），这是一家当时刚刚摆脱破产的公司，泰珀以面值的 20% 购买了它们的债券，并使自己的投资在一年内增值了两倍多。

泰珀的灵活性在 2008—2009 年的全球金融危机中得到了充分体现。当市场普遍认为增长仍将继续或只会小幅下滑时，泰珀已经开始系统地提前结清他基金的头寸，以保护它免受随后的股市崩盘的影响。然而到 2008 年年底，他逐渐相信市场的崩溃已经过度了。于是，当 2009 年政府宣布将购买金融机构的优先股而不是将它们国有化或让它们破产之后，泰珀对银行股票和债券进行了大量投资。他选中的几只股票在短短几个月内上涨了 330%，这使他的基金在当年获得了 70 亿美元的回报。[13]

泰珀最大胆的投资之一就是购买美国国际保险集团（AIG）的债券，那时候的 AIG 一度濒临破产，这也曾成为全球头条新闻。在他决定入场时，所有人都认为 AIG 的股东和债券持有人很快就会全部被湮灭，当时你可以以低至 9 美分的价格购买 AIG 债券。然而，得益于政府救助，AIG 展现出比人们想象中更强的弹性，到 2010 年 9 月下旬，AIG 债券的交易价格已回到其面值的 93%。[14] 总的来说，泰珀的基金在 1993—2013 年平均年回报率为 28%，这使他成了世界上最富有的人之一，财富估值超过了 110 亿美元。[15]

逆向投资需要把握时机的良好的能力，因为市场中的泡沫和恐慌在得到纠正之前可能会变得更糟糕。1996 年 12 月，当时的美联储主席艾伦·格林斯潘（Alan Greenspan）曾登上新闻头条，他警告投资者说，市场正处在被高估且"非理性繁荣"（irrational exuberance）的风险中。[16]

然而，那些听从格林斯潘的警告并抛售股票的人只能沮丧地看着标准普尔 500 指数和富时指数在未来三年中继续飙升。最终，标准普尔 500 指数直到 2000 年 9 月才达到峰值，即使在互联网泡沫破灭后仍远高于 1996 年 12 月的水平。

动量投资是如何进行的？

逆向投资的反面是动量投资（momentum investing），有时也被称为趋势跟踪（trend following）。这种投资策略追求的是在股价上涨时买入，以期这种涨势能够持续下去，便可在更高的价位卖出。

著名经济学家兼投资家约翰·梅纳德·凯恩斯（John Maynard Keynes）有一个理论，他将动量投资比作选美比赛竞猜（beauty contest，猜对谁获得选美冠军）[现在与之相近的可能是像《爱情岛》（Love Island）这样的恋爱综艺真人秀]。凯恩斯认为，在这种节目中"每个竞猜者所要挑选的并不是他自己认为最漂亮的那些面孔，而是他觉得最有可能引起其他竞猜者注意的面孔，而每个竞猜者都是从这样一种角度看待这个问题的"。[17]

有证据表明，动量投资的效果非常好，只要你愿意频繁地买进和卖出股票。

对冲基金经理詹姆斯·P. 奥肖内西（James P O'Shaughnessy）认为，如果你购买过去六个月中表现最好的股票，接着持有它们六个月，然后再用（这六个月中）表现最好的股票替换掉它们，那么在 1927—2009 年，你可以有平均每年超过市场表现 4% 的收益。[18]

通过站在更长远的角度来研究，埃尔罗伊·迪姆森（Elroy Dimson）、保罗·马什（Paul Marsh）和迈克·斯汤顿（Mike Staunton）还发现，从 1900 年到 2020 年年底，类似的投资策略不仅在英国和美国，而且几乎在每个发达国家的市场中都可以做到优于大盘表现。[19]

另一个表现优异的动量投资相关策略是购买那些交易价正处在 52 周高点的股票（大多数网站上都可以轻松获得此类信息）。休斯敦大学的托马斯·乔治（Thomas George）通过研究发现，如果你在 1963—2001 年一直遵循这一策略，你的收益会超过市场平均水平。[20]

要注意的是，动量投资并不是一直有效的：它在持续上涨（或下跌）的市场中表现良好，但当趋势结束或逆转时，它就会脱离预期。

在 1998—2000 年技术泡沫期间的最后阶段，动量投资策略可以为你赚取很高的收益，因为在它的推动下，你持有的都是表现最优异的科技股。然而，当科技泡沫在千禧年^①之际破裂时，许多以前表现最好的股票转眼间就崩溃了，动量投资者们根本来不及出手抛掉它们。

正因为如此，动量投资策略被视为一种波动性较大的策略，因此不适合特别厌恶风险的投资者。它还涉及大量的买入卖出，因为动量投资者需要不断重新配置他们的投资组合，以摆脱表现最差的股票。这不仅很耗时，还会产生大量的交易成本，包括不得不支付股票买入卖出之间的价差。

如果你打算成为一个采用长期"买入并持有"策略的投资者，我会建议你放弃动量投资，因为如果你持有股票到达一定时长，动量效应就会消失。事实上，一些研究发现，当时间超过一年，那些曾经回报能力强劲的股票在未来的表现往往比大盘差。[21]

斩仓止损是个好主意吗？

无论你是一位逆向投资者还是动量投资者，一旦你的股票表现不佳，一定要抵制住追加投资的诱惑，除非你想步那位搞垮了

---

① 千禧年即 2000 年。——编者注

巴林银行（Barings Bank）的尼克·李森（Nick Leeson）的后尘。

正如 1999 年的电影《魔鬼交易员》（*Rogue Trader*）所讲述的那样，李森原本是巴林银行新加坡分行一位成功的交易员，负责对日本股市进行短期押注交易。然而，一次大地震导致日本股价大跌，李森遭受了巨大的损失。此时，他决定加倍下注，把越来越大的赌注押在股市的快速复苏上面，而这导致他的损失也开始螺旋式增加。当他的操作被发现时，他已经亏掉了巴林银行8.27 亿英镑，使该银行陷入破产。

对于长期表现不佳的持仓，我也会很警惕，因为人总是很容易被某些特定的想法所局限。举个例子，在 2012 年夏天，我向一个跟踪希腊股市的基金投入了一笔钱。我这样做是因为当时希腊的公司看起来都很便宜，我觉得希腊要么被迫退出欧盟的单一货币区，走上复苏之路，要么获得债务减记方案的批准。而且从估值的角度来看，它当时也很便宜。

虽然这只基金最初表现很好，但很快就回落了，而我却固执地一直持有它。六年后，当我最终将其卖掉时，希腊也没有退出欧元区等更进一步的举措，而我最终也亏了钱。

一些投资者甚至会设置止损点（stop-loss）来帮助自己摆脱亏损的头寸。止损是一种（大多数线上经纪商都会提供的）指令，意为如果股价低于某个点，交易平台则会自动卖出你的股票。

止损点并不能确保万无一失。一般情况下，股价的变动幅度很小。因此，如果你给一只 100p^① 的股票设置了 90p 为止损点，该股票的交易价格按 99p、98p 逐渐下跌，一路跌至 80p，在这种情况下你将受到保护。然而，当市场剧烈波动或者出现重大新闻时，股价就会"跳空"或瞬间大幅波动。

如果股价先上涨再下跌，止损点对你来说也没什么帮助。如果你的股票价格从 100p 涨到 150p，接着又跌回 100p，那么设置 90p 的止损点并不能帮你保留你短暂获得的那些收益。

设置止损点还意味着你可能会错过平仓后出现的复苏，并且还可能增加你的交易成本——尤其是在止损范围设置的间隔太小的情况下。沃顿商学院的杰里米·西格尔（Jeremy Siegel）发现，虽然在 1901—2009 年对美国股市应用止损策略会增加总回报并降低风险，但算上交易成本，回报率就比简单的"买入并持有"策略产生的回报还低了。

总体而言，相较于长期投资者来说，设置止损对短期交易者更有意义，尽管对于那些对股票投资感到紧张的人来说，设置止损也很有用。不过不管怎么说，坐下来思考一下，若你购买的股票下跌了 20%~25%，你当初购买它们的理由是否还成立和适用，这总归是一个好主意。如果股票的基本面发生了变化，或者当初的理由现在看起来已没有那么明智了，那你就应该卖掉它们。

---

① ｐ代表便士，是英国股票的最小计价单位，100 便士等于 1 英镑。——译者注

重点知识

16. 任何投资都有一定程度上的不确定性和风险。因为人具有风险规避性，所以你可以通过承担额外的风险来换取更高的回报。在开始投资之前，你需要先将自己的财务状况梳理清楚，保证你的支出低于你的收入。

17. 投资者和整个市场都会受到各种行为偏差的影响。其中最重要的一些偏差包括：确认偏差、近因偏差、过度自信、锚定效应（或沉没成本谬误）和从众效应。

18. 市场偶尔会变得极不理智，导致某些资产的价格有时会飙升至其"真实"价值的数倍，这被称为"泡沫"。许多泡沫往往会遵循一种模式，如技术成熟度曲线。

19. 过分关注谣言和"小道消息"是危险的。不过也有证据表明，市场可能对新闻中事件反应不足。

20. 逆向投资，即购买失宠的资产，可以让你赚到一大笔钱。但是请注意，泡沫在破裂之前是会变大的。

21. 动量投资，即购买近期表现特别好的股票，在短期内是一种很有效的策略。但是，这更多是在交易而不是投资。

22. 一般情况下，在已亏损的投资上加倍下注不是个好主意。事实上，你应该认真考虑抛掉那些在买入后价格大幅下跌的股票。

注释

1. S Strange (1997) *Casino Capitalism*, Manchester University Press, Manchester

2. B Malkiel (2016) *A Random Walk Down Wall Street: The time-tested strategy for successful investing*, W W Norton & Company, New York

3. M Maloney and H Mulherin. The complexity of information disclosure in an efficient market: The stock market reaction to the Challenger crash, *Journal of Corporate Finance*, February 2003, 9 (4), 453–79

4. R J Shiller. Do stock prices move too much to be justified by subsequent changes in dividends? *American Economic Review*, June 1981, 71 (3), 421–36

5. W Quinn and J D Turner (2020) *Boom and Bust: A global history of financial bubbles*, Cambridge University Press, Cambridge

6. T Levenson. Investors have been making the same mistake for 300 years, *The Atlantic*, 23 August 2020, www.theatlantic.com/ideas/archive/2020/08/even-geniuses-make-bad-investors/615592/ (archived at https://perma.cc/77N9-KFJF)

7. Gartner. The Gartner Hype Cycle: Interpreting technology hype, www.gartner.com/en/research/methodologies/gartner-hype-cycle (archived at https://perma.cc/G4K7-UNTR)

8. A Davis. At one point, Amazon lost more than 90% of its value. But long-term investors still got rich, CNBC, 18 December 2018, www.cnbc.com/2018/12/18/dotcom-bubble-amazon-stock-lost-morethan-90percent-long-term-investors-still-got-rich.html (archived at https://perma.cc/HPS6-XNH7)

9. B Baruch (1965) *My Own Story*, BN Publishing, London

10. J F Dinneen (1960) *The Kennedy Family*, Little, Brown, MI

11. G Thomas and M Morgan-Witts (1979) *The Day the Bubble Burst: A social history of the wall street crash of 1929*, H Hamilton, London

12. J Doyle, R Lundholm and M Soliman. The extreme future stock returns following I/B/E/S earnings surprises, *Journal of Accounting Research*, 2006,

44 (5), 849–87

13. G Zuckerman. Fund boss made $7 billion in the panic, *Wall Street Journal*, 23 December 2009, www.wsj.com/articles/SB126135805328299533#CX (archived at https://perma.cc/KRC4–8V5B)

14. M Ahuja. Hedge fund king David Tepper explains his consistent inconsistency, CNBC, 24 September 2010, www.cnbc.com/id/39330793 (archived at https://perma.cc/W92Q–FAU9)

15. J Pressler. Ready to be rich, *New York Magazine*, 22 September 2010, nymag.com/news/features/establishments/68513/ (archived at https://perma.cc/3J8U–HWKS)

16. S Russolillo. Irrational exuberance: Alan Greenspan's call, 20 years later, *Wall Street Journal*, 3 December 2016, www.wsj.com/articles/irrational-exuberance–alan–greenspans–call–20–yearslater–1480773602 (archived at https://perma.cc/E2MT–V79V)

17. J M Keynes (1936) *The General Theory of Employment, Interest and Money*, Palgrave Macmillan, London

18. J P O'Shaughnessy (2011) *What Works on Wall Street: The classic guide to the best-performing investment strategies of all time*, 4th edn, McGraw–Hill, New York

19. E Dimson, P Marsh and M Staunton (2021) *Credit Suisse Global Investment Returns Yearbook* 2021, Credit Suisse, London

20. T J George and C–Y Hwang. The 52–week high and momentum investing, *Journal of Finance*, October 2004, 59 (5), 2145–76

21. S Mukherji. Are stock returns still mean–reverting?, *Review of Financial Economics*, 27 August 2010

第四章

跟着专业人士做投资

金融服务行业包含众多的角色。其中一些角色（例如股票经纪商或证券公司等）对于想做任何投资的人来说都是必要的。而其他如理财顾问之类的角色是可选的，却在许多情况下可能是非常有用的。了解这些面向消费者提供服务的角色主要有哪几类、它们如何工作、各自有什么优缺点是很重要的，这样可以帮助你获得性价比最高的服务并避免被蒙骗。

谁才是关键的可以帮助投资者的
金融专业人士？

对自己的投资亲力亲为可以节约很多成本。然而，哪怕是最资深的投资者也免不了要与更广泛意义上的金融服务行业接触，即使只是买卖股票。与此同时，那些信心不足或遇到一些特别复杂的问题的投资者，可能也会寻求一些额外的支持。

在过去，大众一般会用"银行职员（banker）"或"股票经纪人（stockbroker）"一词来形容类似《三人同舟》（*Three Men in a Boat*）①中乔治（George）这样的人："（工作日）每天在银行从上午 10 点睡到下午 4 点，除了周六，别人得在下午 2 点的时候就把他叫醒，撵到门外去。"如今，在英国金融服务行业工作的 110 万人（在美国为 630 万人）当中，大多数人要么负责专门与其他金融机构对接，要么负责支持类的工作。

那些对私人投资者（业内有时也称为"散户投资者"）来说有用的金融界专业人士，通常属于以下 4 类之一。

---

① 另译为《三怪客泛舟记》，是杰罗姆·K. 杰罗姆（Jerome K Jerome）所著的一部经典的英式幽默小说。——译者注

- **理财顾问**：这些人会为你提供财务建议，范围包括从特定产品的信息（如不同的储蓄账户）到更复杂的财务规划。在某些情况下，他们甚至可以推荐某些特定基金，他们通常不推荐个股。

- **股票经纪 / 交易服务**：他们最基础的功能是让投资者可以买卖股票和其他资产。不过有些人也提供额外的服务，例如可以跟踪你的投资情况，甚至提供财富管理服务。

- **基金经理**：基金经理代表投资者对大量资金进行管理，其中包括基金、信托以及养老基金。

- **研究分析师 / 策略师**：研究分析师负责撰写与特定公司相关的研究报告，并且对相关股票是否值得买入或卖出做出自己的建议。那些分析更广泛的市场情况（例如现在是否是购买股票的好时机）的分析师有时也被称为"策略师"。

市面上也有众多专门的财经类期刊和网站，它们可以为公众提供财经相关的新闻和信息，而且大部分报纸及其线上平台也有负责报道财经新闻的版面。

当然，上面说到的这几个类别之间有很多重叠。举个例子，许多线上经纪商会把自己的平台当作"金融超市"来运营，他们提供研究分析结果，同时也推荐各种值得购买的基金（而这些基金又由基金经理管理）。

如何找到最适合你又最划算的理财建议？

与你所预期的相反，在英国，并不是任何人都可以随意向个人提供具体的理财建议，因为你必须获得某些职业资格并在金融市场行为监管局（Financial Conduct Authority）登记注册（这是你首先需要查实的一点）才能够这样做。

理财顾问大多分属两种类型："受限（restricted）"投资顾问，以及"独立理财顾问"（independent financial advisors，也就是IFAs）。

受限投资顾问，顾名思义，只能针对某个特定范围的产品提出建议。比如，他们可能只被允许讨论一种产品（类似抵押贷款经纪人），或只能是讨论某一家公司提供的产品（就像受雇于银行的"储蓄产品顾问"那样），或二者兼有。虽然有的受限投资顾问很有用，但那些受限于某一家公司产品的顾问会带有明显的偏见，因此你需要以一定的怀疑态度来对待他们的建议。

一般情况下，如果你遇到了较为复杂或牵扯范围较广的问题，与其依靠受限投资顾问，不如还是去寻求独立理财顾问的建议。

当然，在许多人眼里，独立理财顾问的声誉早在1980—1990年多个丑闻事件中遭到损害。[1] 在这些事件中，人们被怂恿将自己的钱从回报相对较高的最终薪金养老金计划转移至私人养老金当中，结果由于费用水平较高，这些私人养老金很难产生良好收益。当时，我的父亲虽然没有放弃他的职业养老金计划，他依然在别人的劝说下投资了私人养老金，而没有利用那次机会向他自己的养老金提供方购买额外多几年的服务。虽然当年很多错失了养老金的人（包括我的父亲）最终得到了一些补偿，可这个过程却是漫长且艰辛的。

究其原因，这些丑闻事件背后的事实是，虽然独立理财顾问们声称自己是站在消费者或客户利益最大化的角度上提供建议的，但他们更倾向于从自己所推荐的产品供应商那里收取高额佣金。结果，就像理查德·比恩（Richard Bean）编剧的《一仆二主》（*One Man, Two Guvnors*）当中的弗朗西斯·亨歇尔（Francis Henshall）那样，这些顾问们同时服侍着两个主人，而他们更重视哪个主人，这一点是显而易见的。

好消息是，这个情况在 2013 年得到了改变，独立理财顾问被禁止在出售金融产品时收取佣金（不含个别例外情况），这一举措大幅减少了利益冲突的问题。[2]

坏消息是，独立理财顾问现在不得不从客户身上将损失的收入赚回来。由于此类服务成本很高，动不动就达到几百甚至几千英镑，你需要采取以下几个步骤以确保获得最佳性价比：

- **了解他们的收费结构。**独立理财顾问的收费依据各有不同，有的按照你的投资组合规模计算费用，有的按每次的服务内容收取一口价，还有的按小时计费。根据你的具体情况，某种收费结构可能会比其他的更为合理。

- **货比三家**。虽然，选择一位家人或朋友合作过的或者距离你很近的独立理财顾问，这听上去很不错，但多看看、多问问，货比三家总是好的。至少，这能让你了解到自己支付的费用是不是现行市场价。

- **了解他们的业务领域**。理论上，独立理财顾问应该具有广泛的专业知识。然而，从他们的网站上，你可以轻松地了解到他们的业务重点在哪些方面。如果你想寻求养老金方面的建议，一个偏重税务方面的独立理财顾问可能并不是最合适的人选。

- **核实他们的从业资格**。所有的独立理财顾问都应该在金融市场行为监管局（FCA）注册备案。不过，也有很多人会在其他不同的行业协会注册。向 FCA 和这些协会核实这些顾问的情况，确保他们的身份和资格的真实性，这一点始终是至关重要的。

- **先试后买**。有一些顾问提供免费初次咨询，这是一个很好的方式，它可以帮你了解到他们能否提供你所需要的那种咨询。

为什么追踪股票的交易和经纪服务费用很重要？

在托马斯·沃尔夫（Thomas Wolfe）的作品《虚荣的篝火》（*The Bonfire of the Vanities*）中，舍曼·麦克洛伊（Sherman McCloy）的妻子朱迪（Judy）将自己丈夫在银行的工作比作（聚餐时）从别人递过来的一份烤好的蛋糕上抠下来的一小块。"如果经你手传递的蛋糕份数足够多，"她对自己的女儿说，"那么很快你攒下来的边角料就足够做一个巨大的蛋糕了。"

虽然沃尔夫指的是投资银行业务，但同样的评价也适用于其他金融行业中间商，如股票交易和股票经纪服务。

在遥远的过去，如果你想买卖股票，就需要给一位股票经纪人打电话进行操作，而他则会向你收取一大笔交易佣金。其结果就是，股票经纪公司可以依靠进行相对来说比较简单的操作来赚取大量金钱。

然而，在竞争和科技的共同作用下，交易的成本被大幅压缩，而且现在几乎所有的交易都可以在线上完成。事实上，现在已经出现了几个提供"免佣金"交易服务的手机应用程序（我将会在第十二章深入探讨）。

与此同时，还有一种大趋势就是券商逐渐向"投资平台"转型，这使客户能够更轻松地购买个股、基金等各种产品，并为客户提供自己可以追踪其投资组合的服务。

　　较低的费用对于寻求收益最大化的投资者来说无疑是很有帮助的。然而，如果你的本金金额较小，那么就算是费用得到了压缩，它最终依然会占掉你收益中的一大块（这也是为什么本金小的投资者在持有少量基金的时候，收益要比购买很多只个股的时候好）。

　　再小的费用也会积少成多，因此短期内频繁地在你的投资组合中买进卖出，会使你的收益低于简单的"买入并持有"策略下产生的收益。有关这个现象，最著名的例子来自加州大学戴维斯分校的布拉德·巴伯（Brad Barber）和特伦斯·奥迪恩（Terrance Odean）的研究。他们调查了1991—1997年一家股票经纪公司87 000名客户的交易记录，发现交易最频繁的几位交易员在总成绩上比不太活跃的同行要做得更好。然而，一旦将交易成本纳入考量，他们的表现却比市场表现还低了若干个百分点。[3]

　　还有一点需要注意，虽然投资平台提供了很多便利，但这通常是以缴纳"平台费用"为代价的，而此项费用可高达你投资组合总额的0.5%。

　　令人惊讶的是，FCA在2018年的一项研究表明，多达29%的投资者不知道自己正在支付哪些费用，甚至有些人根本没有意识到自己正在支付费用。[4]

　　因此，如果你的投资组合是由一些简单的产品构成的，例如，低成本指数基金（low-cost index funds），那么你可以考虑直接从基金公司购买基金，而不是通过平台购买。

什么是基金经理，他们有用吗？

投资基金是你的投资组合中最有用的投资工具之一。通过与其他投资者共同投资，你便可以投资种类繁多的股票，而无须花费时间和金钱亲自持有大量个股或长期监控投资组合中的公司。

事实上，有一派思想认为，较小的投资者应该就投资几只基金，而不是试图自己挑选股票（这也是为什么本书会在接下来的两章中专门讨论基金）。即使你想亲手操控自己的钱，你的企业养老金也基本上是被放在一系列基金中进行管理的。

从理论上讲，基金经理应结合专业的判断和分析来挑选他们所认为优于大盘表现的股票。然而，研究表明，这些基金经理实际上获得的成功很有限。

例如，标准普尔道琼斯指数的研究发现，在2004—2019年，英国的基金经理年平均表现落后于大盘 0.5%~1%。[5] 美国的基金经理的业绩也以相似的程度不及大盘表现。[6]

这听起来可能没多少，但它其实是在股票所产生的实际长期回报率（5%~6%）中占了很大的一部分。随着时间的推移，这会大大减少你的最终回报。

造成这样糟糕表现的原因有很多。其中一部分原因是现在大部分股票由金融机构所持有，所谓专业人士的优势已逐渐消失了。

不过，还有另一个重要的原因，那就是所谓的"职业风险"。

虽然伦敦金融城和华尔街对于一贯平庸的人往往非常宽容，但它们对那些表现明显低于平均水平（即使是很短的一段时间内）的人却毫不宽容。

曾有一位经历了惨痛教训的基金经理发现了这一点，他就是资产管理公司菲利普斯和德鲁（Phillips and Drew）的首席投资官托尼·戴伊（Tony Dye）。尽管他在 20 世纪 80 年代和 90 年代初期表现优异，但由于他不愿在 20 世纪 90 年代后期购买科技股，他的业绩急剧下滑。这导致他在 2000 年被迫"退休"，尽管不久之后他的做法被证明是正确的。[7]

这样一来，大多数基金经理便会做出像 1959 年的讽刺音乐剧《一步登天》（*How to Succeed in Business Without Really Trying*）中特温伯先生（Mr Twimble）一样的选择，也就是"跟着公司的大方向走"，即挑选跟其他所有人一样的股票。这种操作通常会导致基金整体回报不佳，它甚至还有自己的名字叫"秘密跟踪（closet tracking）"，即该操作之下的基金，其行为类似于指数或"跟踪"基金（在第五章中会更详细地讨论这些），却收取与"主动管理"的基金价格相当的高额费用。

在我刚开始做财经记者时，我经常去听很多基金经理的演讲。有一位基金经理令我印象深刻，我问她对于哪些股票格外热衷，她回答说："我对所有股票都很热衷。"原来，是因为她当时的基金包含了一百多家不同公司的股票。后来，在该基金回报表现平平加之来自其他基金的日益激烈的竞争情况下，她被迫大幅减少了其"热衷"的股票数量。

虽然 FCA 誓要打击此类秘密跟踪基金，对最严重的违规者进行"点名羞辱"，但你最好还是要自己多做研究，看看你投资的基金是否存在这个问题。[8]

最有效的方式是通过查看你有意向的基金发布的报告、信件和基本概况，看看你是否能够理解基金经理所采取的策略。如果对这一点的解释不清楚，或者基金经理只是"随大流"，那么你可能需要考虑某些其他替代方案，例如低成本指数基金。

研究分析师和策略师真的可以对金融市场做出预测吗？

如果你读过财经新闻，你可能会看到一些文章当中引用了很多分析师、策略师甚至基金经理对特定公司或行业的看法。甚至有一些券商和交易平台可能会把允许你访问分析师报告作为其服务的一部分，可是这些报告有什么用呢？

一般来讲，分析师和策略师可以被分成两类：一类是为券商（和银行）工作的，即"卖方"分析师；一类是为各大基金工作的，即"买方"分析师。

卖方分析师的作用是向散户和机构客户提供信息，其作为卖方包括股票交易在内的全套服务的一部分。即便在 30 年前，一些股票经纪公司的分析师还享有很高的声誉，他们的研究能导致公司的股价根据他们所写的内容不同而变化。然而，随着交易成本的下降，卖方经纪人的重要性降低。21世纪初那一系列涉及利益冲突的丑闻又进一步损害了他们的声誉。[9]

2018年，各项金融改革试图让银行和券商分担研究和交易成本，这也导致了分析师人数的进一步下降。[10]

但即便在分析师行业鼎盛的时代，他们挑选能够跑赢大盘的股票的能力也是有限的。例如，宾夕法尼亚州立大学的J.兰德尔·伍里奇（J Randall Woolridge）发现，在1993—2002年，美国最大的15家券商的分析师们所关注的股票的平均表现都落后于标准普尔500指数。[11]英国投资管理公司A. J. Bell的拉斯·莫尔德（Russ Mould）在2017年进行的一项研究发现，通过将他们公司的建议反其道而行之，你可以赚到很多钱，券商分析师最看重的10只英国股票的平均回报率仅为2.1%，而10只最不受欢迎的股票回报率为56.2%。[12]

当然，我不会全盘否定分析师所说的一切。虽然他们在挑选股票方面可能没有取得多大成功，但卡斯商学院①的帕韦尔·比林斯基（Pawel Bilinski）和波士顿学院的马克·布拉德肖（Mark Bradshaw）在2014年进行的一项研究发现，分析师对未来股息和收益的预测是有用的。[13]

———————————

① Cass Business School，于2021年更名为贝叶斯商学院（Bayes Business School）。——译者注

而且，虽然"卖方"分析师的数量有所下降，那些为基金和其他做股票投资的机构（即"买方"）工作的分析师却更愿意在媒体上发声，因为他们可以提供许多与特定行业相关的有趣的定性信息。虽然那些为基金工作的人很明显会推高自己基金所持有的股票，但这至少意味着他们在这件事上拥有一定程度的相关利益，这是卖方分析师所缺乏的。

总的来说，听听"卖方"和"买方"分析师的意见是绝对值得的，不过前提是你要把他们的观点和评论作为你做决策的**起点**。换句话说，比如你想购买个股，那么可以用他们的想法来帮助你制定一个候选公司名单，以待进一步调查；不要仅仅因为什么人的推荐就去买股票。（公平起见，这条提示也适用于任何其他形式的投资评论内容，包括财经杂志中的炒股诀窍和新闻报纸中的财经版块。）

如何防范金融诈骗呢？

在金融服务行业中，绝大部分人都是诚实可信的。然而，欺诈行为和诈骗犯确实存在，而且没有什么比卷入投资骗局而赔钱更令人崩溃（和损失惨重）的了。

投资骗局的数量和种类都不少。除了经典的庞氏骗局（即

"拆东墙补西墙"，详见下面的案例研究）之外，（截至 2021 年 7 月）依然存在高欺诈风险的领域有：

- **养老金领取**。2015 年起英国实施的新规定允许 55 岁以下的个人更方便地将养老金一次性提现。这引出了一系列狡诈的投资方案，鼓励人们将自己的养老金领取出来并投资到高风险项目中，且这些项目通常是流动性很差的。[14]

- **避税**。许多不靠谱的顾问可能会鼓励你去投资那些可以享受宽松税收政策的项目。过去，电影业就曾因此类计划而臭名昭著，尽管现在推销的重点已转移到与环境相关的计划上了。如果投资失败，你最终不仅可能要自掏腰包，而且在某些情况下，投资者还必须偿还税款。

- **另类资产**①。骗子喜欢宣传"异类"的资产，例如收藏品或加密货币。虽然这些资产可以成为合法的投资渠道，但在最好的情况下它们也就是高度缺乏流动性和难以估值的资产，可在最坏的情况下，它们却可以成为滋养诈骗的温床。

---

① Exotic assets，也被称为 alternative assets。——译者注

案例研究

查尔斯·庞兹的大胆骗局

许多类型的骗局其核心都是"庞氏骗局"。诈骗者的基本作案手法是兜售一项高回报（或风险低得不切实际）的投资计划。然而，聚敛来的金钱并没有用于投资，而是部分或全部被诈骗者窃取，初始投资者的收益则来自新投资者的本金。这种计划在短期内可以快速蓬勃发展，只要它能获得足够多的新投资者（其中一些是靠初始投资者口口相传吸引来的）。然而，由于这类计划需要源源不断的新投资者才能生存下去，因此它们通常很快便会崩盘。

这种诈骗类型是以大骗子查尔斯·庞兹（Charles Ponzi）的名字命名的。1919 年，他利用国际邮政票据理论上可以在欧洲被低价购买，然后在美国以更高的金额得到兑现的机会，设立了一家公司。庞兹从投资者那里筹集了大量资金，最初承诺他们在 90 天内将资金翻倍。可悲的是，庞兹很快发现，为了兑现承诺，他必须要购买更多的票据。

面对失败，庞兹不仅没有承认，还决定筹集更多的资金，利用新投资者的资金来偿还那些以前与他一起投资的人的资金。最初，这个方法被证明是一个巨大的成功，口碑效应使新的资金像洪水一般涌来。到 1920 年，他就已经在一座大宅邸里过着奢侈的生活了。

然而，为了维持计划，他需要越来越多的新投资者，这也坐实了他的失败，尤其是在当地报纸的一篇批判性文章促使投资者提出撤资要求，以及官方对他的计划进行调查之后。最终，他于1920年年底因诈骗罪入狱，于1949年在贫困中去世。而庞氏骗局的受害者最后只收回了自己初始投资价值的30%，数百万美元就这样消失了。[15]

虽然没有任何一种防范诈骗的方法是万无一失的，但你可以采取以下这些具体性和一般性的基本做法，以大大降低成为受害者的可能性。

具体性的做法包括：

- **无视电话推销。** 在过去，诈骗者因经营"锅炉房"而出名，锅炉房指的是销售人员工作的房间，他们在里面给潜在客户主动拨打陌生电话，兜售各种投资计划［如电影《锅炉房》（*Boiler Room*）中所展现的那样］。虽然现在某些产品仍然允许以这种方式对潜在客户进行推销，但FCA已经极大地限制了金融公司可以进行陌生电话推销的程度，因此正规的公司大多已停止了这种做法。[16]

- **拒绝时间压力，拒绝早期投资者折扣。** 一旦骗子找到了感兴趣投资的人，他们大多会催促人们尽快签约，使人们来不及思考或寻求外部建议。他们有时候甚至会向尽快签约的人提供折扣。如果遇到这种情况，一定要赶紧离开。

- **在 FCA 官网上调查出售该产品的人和公司**。在与任何投资计划签约之前，要去查看出售该计划的公司是否在 FCA 网站上注册过。未经注册的公司几乎不可能出售任何类型的金融产品，因此，如果它们没有注册，那几乎可以肯定这是一个骗局。公司经过 FCA 注册，也意味着你可以获得高达 85 000 英镑的欺诈赔付。

以下这些一般性的方式也能帮助你更好地保护自己：

- **扪心自问，他人承诺的回报是否现实**。严格的金融监管以及避免与失望的客户打交道的愿望，限制了正规公司对潜在投资者所能做出的承诺的类型。然而，诈骗者不在乎法律也不打算长期耗在一个地方，因此他们会夸大其词，想方设法让你掏钱。（有一点很重要，他们不一定会承诺诸如"使你收益翻倍"这一类的超额回报，但会声称能"保证"你获得某个比例适中的回报。）

- **确保你能清楚地理解你所投资的东西**。很多骗子要么拒绝透露有关投资计划如何运作的关键细节，要么喜欢用复杂的说辞绕晕投资者。但无论是哪种情况，如果你不清楚或不理解投资计划是如何运作的，你怎么能指望自己去判断它是否值得投资呢？

- **避开任何违法的事**。骗子有时会吹嘘他们是在"打擦边球",他们可以为投资者提供特别的条件。实际上,他们这样做的目的,是想吸引那些既贪婪又不大可能在事情败露时向当局投诉的投资者。更重要的是,近年来还有一种举措,那就是没收那些少数碰巧从骗局中获利的人的所得,即使获利者是无意的。

- **多元化,多元化,多元化。** 就连最优秀的投资者也偶尔会被骗。其中的区别就在于,他们对投资组合的配置可以让他们抵御偶尔的失败(这怎么说都是个好主意)。最重要的是,我们永远不要借钱投资某个计划,无论它在纸面上看起来是多么的"万无一失"。

应该找金融专业人士帮忙还是单独行动?

在了解了金融专业人士可以为投资者提供服务的几种主要方式,以及各种方式的利弊之后,你也许仍然无法确定,在搭建和管理投资组合的过程中,相对于亲力亲为,究竟应该在多大程度上依靠专业人士的服务。

很遗憾,对于那些想得到准确回答的人,现实情况是,这完全取决于特定的投资任务和你自己特定的偏好。

不过,你可以参考以下四个因素,它们可以被总结为四个C:

复杂度（Complexity）、便利性（Convenience）、成本（Cost）和可控性（Control）。

复杂度：某些投资领域需要专业支持。例如，若不通过某种类型的经纪商或交易平台，散客投资者就无法购买股票。同样，如果你需要类似税务等专业领域的建议，那么比起自己去尝试，到最后落得要支付一大笔税金，寻求合适的专业建议来得更划算，尤其是在该领域的规则十分复杂且不断变更的情况下。然而，对于类似购买指数基金（index funds）这样相对简单的任务，你便不一定需要专业人士的协助了。

便利性：大多数人觉得投资有点麻烦，尤其是要在处理文件、走流程上花费很多时间。如果你的时间有限，或者非常珍惜自己的空闲时间，那么至少将投资决策的某部分（通过购买基金的方式）外包给专业人士不外乎是个好主意。不过，许多投资事项所花费的时间其实比想象中要少。

成本：一般情况下，自己能参与的部分越多，这件事情所耗费的成本就越低，因此尽可能多地采用 DIY 的方式去做投资能比较好地控制成本。然而，就拥有股票份额这件事而言，尤其是在你的本金较少（比如 1.5 万英镑或以下）的情况下，买入几只基金其实比花心思搭建一个由多只个股组成的多元化投资组合要划算，特别是考虑到交易费用（以及买卖价格之间的价差）会侵蚀你的收益。

可控性：有的人喜欢对自己的投资拥有直接控制权，即便这意味着要花多一点时间甚至产生额外的成本。这样没什么不妥，所以假如你就是这样的人，那么采用"亲力亲为"的方式是合理的。还有人可能很享受通过亲自挑选股票来与大盘斗智斗勇的脑力挑战。然而，关键是要记住，投资的目的是积累和维持你的财富，因此如果你发现自己陷入了常见的投资者陷阱，比如缺乏多元化或过度交易，那么至少把你投资组合中的一部分交给专业人士打理，可能并不是最糟糕的选择。

记住以下这点也很重要，如果你确实决定采用专业服务，无论是直接的还是间接的，这都不代表你可以做甩手掌柜，完全不关注你的投资组合。实际上，你应该对专业人士在做什么始终抱持怀疑态度，密切关注他们的表现，货比三家以获得最优惠的价格，并至少每年检查一次你的投资组合。

重点知识

23. 一般投资者最容易接触到的金融专业人士包括：理财顾问、股票经纪和券商、养老金和基金经理以及研究分析师。

24. 投资顾问可以通过提供指导和建议帮你省钱。不过，质量最高的建议大多来自独立理财顾问，虽然他们收费较高。

25. 线上券商和投资平台的出现，不仅大大削减了投资成本，还使管理投资组合变简单了许多。不过，你仍然需要注意那些可能侵蚀你的收益的隐性成本。

26. 投资基金可以帮你节省时间和金钱，尤其是当你的本金相对较少的情况下。不过要注意，许多（但不是所有）基金经理都喜欢随大流。

27. 研究分析师和策略师，不论是"卖方"的还是"买方"的，都可以提供有用的定性信息，但他们提供的信息最多只能作为你做决策的起点，绝不能代替你自己应该做的研究。

28. 虽然诈骗行为相对罕见，但它确实存在，所以要警惕。某些特定的产品，比如养老金领取、精心设计的避税方案，以及另类资产，都格外容易成为诈骗的幌子。对不切实际的高回报承诺持怀疑态度也是一个好主意，这样能确保你了解自己在投资什么，还有，记得要让你的投资多元化。

29. 当你在决定是要寻求金融专业人士的帮助，还是自己独立完成投资任务的时候，你需要考虑到这项任务的复杂程度、请专业人士所需的成本、有机会节省下来的时间和便利性，以及你对自己的投资想要有多大的控制权。无论你做何决定，都记得要密切关注专业人士在做什么或推荐什么。

注释

1. S Dunn. Six scandals from the darkest days of an already murky industry, *The Observer*, 21 June 2009, www.theguardian.com/money/2009/jun/21/financial–advisers–scandals (archived at https://perma.cc/C7US–A3RS)

2. C Baumanns. The UK ban on commissions relating to retail investment advice: A good example for German law? Oxford University, Faculty of Law, 29 May 2017, tinyurl.com/n8f6md38 (archived at https://perma.cc/Z5JA–M9DM)

3. B M Barber and T Odean. Trading is hazardous to your wealth: The common stock investment performance of individual investors, *Journal of Finance*, 17 December 2002, 55 (2), 773–806

4. AFH Wealth Management. Why are platform charges so complex?, www.afhwm.co.uk/news/18/09/platform–charges–complex/ (archived at https://perma.cc/24UB–NU5G)

5. S&P Dow Jones Indices (2019) SPIVA Europe Scorecard, S&P Dow Jones Indices, New York

6. S&P Dow Jones Indices (2019) SPIVA US Scorecard, S&P Dow Jones Indices, New York

7. T Dye. *Daily Telegraph*, 28 March 2008, www.telegraph.co.uk/news/obituaries/1581634/Tony–Dye.html (archived at https://perma.cc/7FXW–AWY4)

8. J Jones. Latest FCA fine is the 'tip of the iceberg' for closet trackers, *Daily Telegraph*, 21 November 2019, www.telegraph.co.uk/investing/news/latest–fca–fine–tip–iceberg–closet–trackers/ (archived at https://perma.cc/B7K2–6THP)

9. D Teather. Analyst scandal costs Wall St $1.4bn, *The Guardian*, 29 April 2003, www.theguardian.com/business/2003/apr/29/8 (archived at https://perma.cc/Q86Z–DCRX)

10. Bloomberg. Analyst jobs vanish as a perfect storm hits Wall Street research,

19 December 2019, www.bloomberg.com/news/articles/2019–12–19/analyst–jobs–vanish–as–a–perfect–storm–hits–wallstreet–research (archived at https://perma.cc/XG3S–J5SE)

11. J Randall Woolbridge. The performance of the recommended stocks of brokerage firms, *Journal of Investing*, spring 2004, 13 (1), 23–34

12. *Financial Times*. UK analyst recommendations lag behind wider market, 8 February 2017, www.ft.com/content/ac89e6ac–edfb–11e6–930f–061b01e23655 (archived at https://perma.cc/VK5D–5KCW)

13. P Bilinski and M Bradshaw. Analyst dividend forecasts and their usefulness to investors: International evidence, Working paper, 2015

14. R Jones. Pension scams: some victims have lost more than £1m to fraudsters, *The Guardian*, 28 January 2019, www.theguardian.com/money/2019/jan/28/pension–scams–some–victims–have–lost–morethan–1m–to–fraudsters (archived at https://perma.cc/2WWF–XBVA)

15. M Partridge. Great frauds in history: the original Ponzi scheme, *MoneyWeek*, 25 January 2019, moneyweek.com/501080/greatfrauds–in–history–the–original–ponzi–scheme (archived at https://perma.cc/6UCC–T77X)

16. Financial Conduct Authority. FCA Handbook: Cold calls and other promotions that are not in writing, www.handbook.fca.org.uk/handbook/COBS/4/8.html (archived at https://perma.cc/Q7GWTEQ4)

第五章

投资工具的种类

对于资金有限或无暇挑选个股的投资者而言，投资基金和信托是搭建一个多元化投资组合的绝佳方式。然而，基金和信托的数量众多，涵盖的领域广泛，虽然更复杂的产品往往费用也更高。一般来说，投资信托基金往往能提供跑赢大盘的最佳机会，然而那些希望将成本和费用尽量压低的投资者应该去选择指数基金，也就是只对大盘进行追踪的基金。

基金和信托

从最基本的层面来讲，"基金"是一种由不同的投资者将资金汇集到一起，并由一个（或一队）基金经理代表他们对资金池进行投资的计划。人人都可以接触到的基金主要有两种类型，投资信托基金和开放式投资公司，这两类基金的结构略有不同：

- **投资信托基金**[①] 是在证券交易所/股票市场挂牌上市的基金。实际上，它们是通过投资股票（或地产等其他形式的资产）而不是提供商品或服务来为股东赚取收益的公司。投资信托由信托的股东所有，股东选举董事会，董事会又聘请基金经理（或管理公司）代表他们进行投资。这种基金有固定数量的股份，在证券交易所进行交易，就像任何其他挂牌公司一样（交易费用也相似）。

虽然投资信托的股票总价值应与其持有的资产的总价值紧密相关，但两者之间通常存在差异，大多数投资信托的股票价值略

_____

① 在美国也被称作封闭式基金。——译者注

低于信托净资产（尽管少数以溢价交易）。这可能是由于，投资者或对基金经理的选股能力信心不足，或是认为信托所投资的资产价值可能低于信托管理公司所认为的价值。

- **开放式投资公司**（Open-Ended Investment Companies，简称OEIC，是一种更现代的单位信托①，两者结构类似）同样也是由股东拥有的基金。然而，你的投资方式并不是从股市中购买股份，而是直接从可以增发新股的投资公司手上购买股份。当你想要卖出你的股份时，投资公司会从你手中买回并注销这部分股份，因此此类基金的规模会因究竟是否会有更多人买入还是卖出而变化。

与投资信托基金相比，OEIC 的优点在于，你无须向经纪公司支付交易费用，且买卖价格之间不存在价差。单位信托基金的每股价格也是与其资产的价值完全对应的，并不受股票市场的意见影响。

然而，正是由于 OEIC 的基金规模各不相同，如果人们突然决定卖出股份，基金可能被迫要在短时间内出售资产。因此，此类基金不太适合长期或非流动性投资，因为如果投资者想要收回资金，基金需要准备好快速出售资产。尼尔·伍德福德（Neil

---

① Unit trusts，在美国也称作开放式基金（open-end funds）或共同基金（mutual funds）。——译者注

Woodford）的基金就曾作为 OEIC 运营，投资于许多小盘股公司。然而，当投资者对他的基金失去信心并要求拿回自己的钱时，他发现他不可能在短时间内出售资产，这迫使他采取了"停止撤资"这种不寻常的手段，导致基金最后崩盘。

在这两种基金类型中，投资信托基金对大多数投资者来说是更好的长期投资选择。虽然投资 OEIC 的费用在过去几年有所下降，但它的管理费通常要略高一些，这是从过去向销售人员和理财顾问支付丰厚佣金的日子里遗留下来的习惯。投资信托有保留 15% 股息的自由，并且（如果基金做此选择的话）可留到稍后阶段进行支付，以便维持一个固定的支付金额。信托投资还可以借钱，这是 OEIC 不被允许做的事情。

英国证券公司 Winterflood Securities 在 2017 年的一项研究发现，在 2007—2017 年，投资信托的表现在大多数主要市场中都优于 OEIC，这些市场包括：全球市场、英国股票市场和北美市场。其每年的平均表现介于 0.3%~3% 之间。[1]

什么是指数基金？

如前几章所述，大多数由基金经理管理的传统基金，其表现往往不及大盘。鉴于这些失败，人们纷纷转向低成本指数基金也就不足为奇了，这类基金现已占基金投资总额的约三分之一。

不同于由基金经理挑选出的被认为将来会表现较好的股票，指数基金（有时也称为跟踪基金）是试图机械性地跟踪某个大盘指数，例如富时 100 指数（英国）或标准普尔 500 指数（美国）。

由于指数基金的规则非常简单，因此无须聘请专门的基金经理，也无须为差旅费或初级分析师团队支付任何相关费用。指数基金的换手率（或称持股周转率）也很低，这进一步节约了交易成本，因为它们只需要在进场和离场的时候对公司股票进行买卖。

如此一来，随着基金提供商之间的竞争、规模经济以及技术进步所带来的费用大幅减少，指数基金的运营成本变得很低。2018 年 8 月，基金管理公司富达投资为美国市场推出了一种不收取任何费用的跟踪基金，仅需通过在卖空者向公司借入股票时收取特权费用来弥补其成本。[2]

指数基金不单能帮你省钱，还能节省时间，因为你不再需要监控投资组合中的每只股票，或追踪多个基金经理的表现。

但是，指数基金有三个很大的缺点：

● 首先，大多数指数基金倾向于按市值（其流通股的总价值）加权，市值大的公司在基金中占据的份额更大。这意味着，如果一家公司的股价上涨，其对基金的重要性也会增加。例如，在某个富时 100 指数基金中，联合利华（指数中市值最大的公司）的股票份额可能占 5.74%，但 Micro Focus 公司（指数中市值最小的公司）的份额可能不到 1%。因此，如果你喜欢买小公司的股票，那么指数基金可能并不适合你。

- 其次，同样重要的是要认识到，虽然指数基金旨在通过购买指数中的每一只股票来实现紧跟市场的效果，但其实许多指数基金只会选择性地购买指数中规模较小或流动性较低的公司，以降低交易成本。这意味着指数基金的表现与其所跟踪的指数之间存在微小的差异，这被称为跟踪误差。

- 最后，虽然指数基金消除了基金大幅落后于市场表现的风险，但它同时也消除了任何跑赢大盘的可能性。这就是为什么许多传统基金倾向于认为指数基金只能"确保平庸（的表现）"。

总而言之，如果你用于投资的本金很少，或者对自己选择基金的能力没有任何信心，那么相比于传统的主动管理型基金，指数基金是一种绝佳的低成本替代方案。我目前的主要投资组合约有一半都放在一个跟踪全球市场的指数基金当中。

买"聪明贝塔"基金是聪明的选择吗？

指数基金确实便宜，但也很无趣，因为你放弃了获得高于平均水平的回报的机会。"聪明贝塔（smart beta）"基金则不同，它试图将被动和主动管理型基金的优势结合起来，其方法是通过机械性（被动性）的规则代替人为判断来挑选能够跑赢市场的股票（主动性）。

聪明贝塔基金主要有三种类型。

第一种类型，也是最接近指数基金的一类，它们仅仅对所谓的股票市场指数的构建方式进行了调整。大多数指数基金是按市值（流通股的总价值）来对其投资组合进行加权的，市值大的公司在基金中占据的份额更大。然而，一些聪明贝塔基金根据其他的基本指标（如股息率）来对其投资组合中的股票进行重新加权，或者干脆给每只股票都设置相等的权重。这会使基金偏向较便宜的股票和较小的公司，而且这些公司过去都产生了高于平均水平的回报。

问题在于，为了适应不断变化的市场价值和基本面，这些投资组合必须定期重新进行平衡，而由此增加的交易成本会蚕食回报。这类投资组合的另一个缺点是，其最终结果与正常指数没有太大区别，因为你买入的仍然是大型且股价昂贵的公司，只是数量略少一些。

另一种更直接的替代方案是"特定因子"基金（第二种类型）。这种类型的基金只持有符合特定标准的股票，比如大盘价值基金（large-cap value fund）只会持有市盈率（price/earnings ratio）最低的大盘股，而动量基金（momentum fund）则仅投资于股票在近期表现最好的公司。这与许多主动型基金经理的投资方式类似，但通过消除了人为的自由裁量权，此类基金能确保其策略得到贯彻，并可大幅削减成本。

　　遗憾的是，由此方法产生的投资组合可能是不平衡的，并且倾向于只投资在有限的几种行业中运营的公司，例如高股息率基金（high-dividend fund）会偏向于持有更多的公用事业公司股票以及更少的科技公司股票。此类投资组合也可能为特别股息或临时的收益变化所扭曲。虽然特定因子基金的辨别能力通常比重新加权指数基金更强，但许多"聪明贝塔"基金中仍然会包含整个股票市场的很大一部分（通常达到三分之一）。

　　聪明贝塔基金的最新版本（第三种类型）采用了多种因子来对股票进行筛选和排序。

　　从理论上讲，这应该意味着此类基金可以对每只股票都进行更平衡的评估，并能够降低由收益的临时波动或特别股息所带来指数扭曲的风险。然而，此类基金的复杂度使得你很难准确地看出自己在买什么，这意味着你必须要相信基金的模型。

　　或许在所有类型的聪明贝塔基金中，最大的问题在于它们的费用明显高于传统的指数基金。实际上，对于一些专业性基金来说，其费用不比主动型基金要低多少。虽然我不会完全不考虑它们，但我会认真思考这些"聪明"元素是否真的增加了足够的价值来证明它们更高的价格是合理的。

什么是交易所交易基金？

在电影《毕业生》（*The Graduate*）中，麦奎尔先生（Mr McGuire）对由达斯汀·霍夫曼（Dustin Hoffman）饰演的本杰明·布拉多克（Benjamin Braddock）说道："我只是想和你说一句话。就一句话……塑胶业。"然而，如果作为一个投资者，你只想要投资塑胶业的话，可以考虑购买交易所交易基金（ETF）[1]。

ETF 是在证券交易所买卖的开放式基金，通常遵循被动性投资策略。不过，虽然有的 ETF 中的股票种类可以覆盖整个市场，也有很多 ETF 更加地专业化，专注于特定行业、资产或国家。

ETF 投资不仅限于股票市场，你也可以投资基于商品（如黄金、石油和铜），货币（例如美元或日元）和债券的 ETF。还有通过借钱以利用杠杆来提高回报的 ETF。甚至还有通过做空指数来运行的 ETF。也就是说，如果标的指数下跌，这些基金就会赚钱。

你可以买入 ETF 并长期持有它们。然而，这种基金的部分吸引力来自你也可以随时对它们进行交易。例如，如果你认为股市即将上涨，但你对任何特定的公司并没有强烈的偏好，那么就可以购买跟踪标准普尔 500 指数的 ETF。

ETF 是一种跟踪指数或接触到较难直接投资的资产的好方法。但是，在投资之前，先检查 ETF 投资组合的成分是很重要

---

[1] Exchange traded fund，也称交易型开放式指数基金。——译者注

的。尤其是对于窄基 ETF，如那些专注于特定行业的 ETF。举个例子，某 ETF 可能标榜自己关注能源公司，但它的持仓可能只包含公用事业或天然气公司——如果你想投资可再生能源，这便是该 ETF 一个很大的缺陷。

另一件需要注意的事情是，虽然有些 ETF 会直接持有它们应该跟踪的资产，但也有其他的 ETF 只是持有一种旨在模仿标的指数的产品。后一种类型的 ETF 被称为合成型 ETF。

这两种方式各有优缺点。直接持有目标资产更容易准确地反映出资产的表现，但如果资产缺乏流动性或难以出售，额外的成本可能会出现。而跟随着某种模仿指数的产品的 ETF，它们有时具有与目标资产不同的价值，同时也面临着创建该产品的银行可能破产并拒绝支付的可能性（这被称为交易对手风险）。[3]

什么是对冲基金？

如果说指数基金是基金管理行业中无聊的、低成本的一面，那么对冲基金（hedge[①] fund）则代表了最迷人的那一面。虽然阿

---

① hedge 一词在英文中原指茂密的树木等形成的篱笆，用作动词时表示将东西围挡住或隔开，也有防范、保护、躲避的含义。——译者注

尔弗雷德·琼斯（Alfred Jones）在 1949 年就创立了第一家现代对冲基金（见案例研究），但直到 20 世纪 90 年代，对冲基金才真正发展起来，乔治·索罗斯（George Soros）和朱利安·罗伯逊（Julian Robertson）等基金管理者也随之成为金融界的名人。

案例研究

阿尔弗雷德·琼斯的"对冲基金（hedged fund）"

阿尔弗雷德·温斯洛·琼斯（Alfred Winslow Jones）被普遍认为是对冲基金的发明者。令人意想不到的是，琼斯直到中年后期才成为金融家，在那之前他从事过各种工作，包括在不定期货轮上担任事务长，20 世纪 30 年代在美国驻柏林大使馆担任外交官，甚至还做过社会学讲师。琼斯在担任自由撰稿人撰写各种主题文章时，曾为《财富》（*Fortune*）杂志撰写过一篇关于投资的专题报道。这篇文章激发了他对华尔街的兴趣，促使他在 1949 年创立了 A W Jones and Company 公司，他经营了这家公司 35 年，直到 1984 年才放弃控制权。

琼斯的策略是用空头头寸（押注某公司股价下跌）来对冲多头头寸（押注某公司股价上涨）——他称之为"对冲基金"。换句话说，他会买入自己认为会上涨的公司的股票，但是用他认为会贬值的公司的空头头寸来平衡前面那些头寸。他认为真正影响回报的并不是市场的整体运动方向（且这个方向他也不确定），而是自己选中正确股票的能力。为了最大限度地提高选择正确股票的概率，他聘请了一个分析师团队对各个公司进行研究并提出最佳购买建议。

而事实上，该基金并没有一直遵守自己的规则，还在20世纪70年代初遇到了麻烦，那时它持有的多头头寸已远远超过空头头寸，这意味着当股市在随后到来的熊市中下跌时，该基金的表现很不好。尽管如此，琼斯的基金在他本人经营的34年中有31年是赚钱的，同时期内的标准普尔500指数只有9年。尽管收取的费用相对较高，但该基金在其运营的前20年中每年依然能为投资者带来超过20%的回报。实际上，1967年一篇关于琼斯的报道还激发了许多知名投资者创办自己的对冲基金。[4]

现如今的对冲基金大多只是对公司进行投资而不"做空"，但它们之间确实有一些共同点。

首先，它们都是有限合伙企业，由若干富有的投资者和机构出资建立。随后将资金交由基金经理投资。由于能够投资于对冲基金的公司是受到严格规则限制的，它们的行为所受到的监管比普通基金要宽松得多。这使得对冲基金经理可以采取比普通基金经理更具有攻击性的策略，并且可以投资于更多类型的资产。

其次，基金经理会赚取一定比例的利润，这也是为了确保他们与投资者的利益能更好地保持一致（一些对冲基金甚至要求经理持有基金的股份），同时也更容易吸引明星经理。

对冲基金有一个主要缺点，那就是它的管理费往往比传统基金要高得多。收费标准在过去是"2+20"，即基金市值的2%（无论当下基金表现如何）加上利润的20%。虽然现在的管理费有所下降，但截至2020年，对冲基金的平均管理费仍约为1.37%加回报的16.36%。[5]

俄亥俄州立大学的伊扎克·本-大卫（Itzhak Ben-David）和贾斯汀·比鲁（Justin Birru）在2020年进行的一项研究发现，在1995—2016年，对冲基金产生的毛利润中约有三分之二流入了基金经理手中，投资者获得的收益仅略高于三分之一。

缺乏透明度意味着你必须信任运营它们的人，特别是因为许多对冲基金强制要求投资者等待一段时间才能提出撤资。正如加里·施泰因加特（Gary Shteyngart）2018年的小说《成功湖》（*Lake Success*）中从事对冲基金的主角所承认的那样：

对冲基金是一个关于我们会如何赚到钱的故事。是关于要善用头脑、获得权力、与厉害的人建立关系……你给你的投资者带去的是比量化指标更难以捉摸的东西。你给他们带去的是你们在一起（投资前景）会有多棒的故事。

虽然对冲基金一开始可能是个好主意，但它们扣除管理费后的总体平均回报率一直都很低，尤其是随着越来越多的人设立了对冲基金。根据HFRX全球对冲基金指数（HFRX Global Hedge Fund Index），对冲基金在1998—2016年的平均回报率为4.5%，而标准普尔500指数为6.4%。[6]巴克莱银行和纽约大学斯特恩商学院的另一项研究发现，从 2011 年年初到 2020 年年底，对冲基金的平均表现每年都不敌标准普尔 500 指数。[7]

2007 年，股神沃伦·巴菲特（Warren Buffet）与投资咨询公司 Protégé Partners 的经理人以 100 万美元打赌，认为一个简单的指数基金能在未来 10 年内跑赢 Protégé 的基金经理精心挑选的一组对冲基金。2017 年 2 月，巴菲特宣布他已获胜，对手选定的对冲基金的年回报率仅为 2.2%，低于标准普尔 500 指数的 7.1%，甚至还低于 10 年期美国国债的 4.56% 的年回报率。[8]

总体而言，大多数普通投资者无法投资对冲基金，这也算是一件好事，因为它们通常都不会物有所值（虽然知道它们是什么还是有帮助的）。

什么是风险资本，如何做风险投资？

阿甘（Forrest Gump）可能并不是个天才，但在通过捕鱼发家致富后，阿甘和他的朋友丹中尉（Lieutenant Dan）把钱投入了"某个水果公司"——苹果电脑公司，随后便见证了自己的财富呈爆炸式增长。

在现实中，苹果公司发展之初的"种子（seed）"资金来自迈克·马库拉（Mike Markkula），在 1977 年苹果公司创立后不久，他以 25 万美元购入了公司三分之一的股份。三年后，当公司上市时，马库拉的苹果股票价值超过了 2.03 亿美元，是他初始投资的 800 多倍。[9]

然而，拥有苹果公司此等规模的成功投资无异于买彩票中头奖。大多数初创公司的结局是彻底的失败，即便是那些成功活下来的公司也需要花费很长时间，通常也需要额外的资金，才有机会在证券交易所上市。

因此，大多数"种子"资金是由投资者组成的团体而不是他们个人所提供的，这种团体被称为风险资本家（venture capitalists）。

传统的投资基金购买的是在证券交易所上市的公司股票，与之不同的是，风险资本家向众多未挂牌上市的初创公司注入现金，以换取自己所投资的公司的部分所有权。风险投资基金（venture capital）通常以合伙制运营，由富有的投资者（即"有限合伙人"）和职业经理人组成，由基金经理决定资金的去向。

当基金所投资的某家公司挂牌上市或被另一家企业收购时，所赚得的钱将在扣除一定比例的费用后返还给投资者。最终，当所投资的所有公司倒闭或被出售后，该基金就会清盘。

投资顾问公司康桥汇世（Cambridge Associates）对近 2 000 家过去的和现有的美国风险投资基金进行的一项研究发现，在 1987—2017 年，风险投资基金的（扣除费用后的）平均净回报率为 19.1%，是同期股市回报率的两倍。另外，那些于初创公司早期阶段就进行投资的风险基金每年产生的回报为 24.6%。[10]

　　然而，这些巨大的回报是有代价的。首先，风险投资大多是非流动性的，因为你的钱必须和投资捆绑在一起，直到所投的公司准备好被售出。其次，这种投资是高风险的，因为绝大部分的收益来自极少数的公司。

　　更重要的是，这些看似巨大的纸面收益导致大量资金涌入风险投资行业，不仅让初创公司对自己所接受的资金种类变得更加挑剔，而且还导致各基金出现迫使投资者加大初始资金的情况。

　　因此，目前英国投资者投资初创公司的最佳方式是通过风险投资信托基金（Venture Capital Trusts，简称 VCT）。VCT 是在股票市场上市的投资型信托，投资于小型非上市公司或市值非常小的股票。VCT 的种类包括计划在一定期限（通常为 5 年）后就会清盘的基金和无限期存续的基金。

　　虽然 VCT 享有大量的税收优惠，但它们通常收取更高的费用，包括高额的年费和基于业绩的费用。这些费用可能会使你的收益被扣掉很大一部分。

什么是私募股权投资？

　　私募股权投资（private equity）是一种与风险投资非常相似的投资类型。其最简单的形式为：收购特定公司，将它们作为私营（即非上市）公司进行管理，然后卖出这些公司以获取收益。

私募股权投资的捍卫者认为，私有制能够使公司更好地专注于长期发展，因为私募股权所有者更愿意向表现不佳的管理层追究责任。

有证据显示，一些私募股权交易是非常有利可图的，尤其是当它们使用杠杆的时候。最著名的例子应该就是黑石集团（Blackstone）在 2007 年仅以 55 亿美元的自有现金（加上几年后追加的 10 亿美元）收购了陷入困境的希尔顿连锁酒店（Hilton Hotels chain）。尽管那时正值全球金融危机前夕，市场处在高点，黑石支付了比希尔顿股价溢价 40% 的价格，但是到了 2018 年，它已经赢利了近 140 亿美元。[11]

有了如此丰厚的利润，我们不难理解为何私募股权投资行业的规模从 2000 年的 7 070 亿美元增长到了 2017 年的 4.92 万亿美元。[12] 现如今，许多公司正在从风险资本家转变为私募股权所有者，这种转变根本不会显现在股票市场中。

然而，对该行业也存在批评的声音。尽管他们都大肆宣传自己是长期投资者，但大多数私募股权投资基金都希望能在完成收购的几年内就将自己所投资的公司卖掉。这意味着它们会顺应股市的喜好对收购的公司做许多短期性的调整，例如削减成本、出售资产，以及减少投资来提高利润和现金流。

私募股权投资公司通常会大量借入资金以完成收购交易，而债务通常由被收购的公司承担，该公司则会发行债券以覆盖借款成本。结果，该公司可能会发现自己已经背负了高利率的巨额债务，这即给私募股权所有权下的公司经营增加了破产风险（这对基金不利），也给新买主的后续经营增加了破产风险（对新的股权所有者和员工都不利）。

确实，最糟糕的私募股权投资基金就好比是罗尔德·达尔（Roahl Dahl）所写的《玛蒂尔达》（Matilda）中小女孩的继父一样，作为一个二手车销售员，他将买来的锈迹斑斑的破旧老爷车喷上新漆，在发动机里放一些东西以使其可以平稳行驶，然后便将车子卖给毫无戒心的客户，当那破车在驶出几英里 [①] 后发生故障时，客户只能自己处理问题。

有时候，这辆破车甚至连停车场都开不出去：一家私人股权财团在 2007 年以 270 亿英镑的价格收购了恺撒赌场（Caesar's Casinos），却致使其在 8 年后宣布破产。[13]

虽然人们可能对私募股权投资存在争议，但有证据表明，至少在美国，私募股权基金的表现非常好，康桥汇世的一项研究表明，即使扣除费用，私募股权基金为投资者带来的年回报率也比股票市场高出 4%~5%。

虽然普通投资者很难直接投资私募股权基金，但你仍然可以在股票市场上购买许多私募股权投资信托的股份。

重点知识	30. 投资基金分为开放式基金（OEIC 和单位信托）和投资信托基金。虽然二者各有利弊，但投资信托基金对长期投资者来说是更好的选择。

---

① 1 英里 ≈ 1.609 千米。——编者注

31. 指数基金是传统基金的低成本替代品，虽然你选择它的同时也放弃了任何跑赢大盘的机会。

32. 聪明贝塔旨在以低成本的方式提供主动管理型基金的优势。在以特定策略进行投资时，它们可以是很好的方式。

33. 交易所交易基金是经过特别设计的指数基金，用来追踪特定的行业或资产。它们可以在无须挑选个股的情况下帮助你接触某个行业。

34. 对冲基金是以投资为目的的有限合伙企业，它们给予基金经理很大的自由度。由于它们收取高额费用，在过去 20 年中，它们回报给投资人的收益非常一般。

35. 风险投资基金和信托都是投资于初创公司的。风险投资回报高，风险也高。

36. 私募股权基金通过收购公司并将它们作为私营（即非上市）公司进行管理来获取收益。尽管被冠以资产剥离器的称号，但私募股权基金在过去几十年中的表现很好。

注释

1. G Lumsden. Proof that investment trusts beat funds 80% of the time, Wealth Manager, 13 December 2017, citywire.co.uk/wealth-manager/news/proof-that-investment-trusts-beat-funds-80-of%20the-time/a1076126?section=investment-trust-insider (archived at https://perma.cc/3LBT-GBDH)

2. I Wenk. Shares in fund giants slide as Fidelity launches no-fee funds, Wealth Manager, 2 August 2018, citywire.co.uk/wealth-manager/news/shares-in-fund-giants-slide-as-fidelity-launches-no-fee-funds/a1143536 (archived at https://perma.cc/FX5E-J8NH)

3. Close Brothers Asset Management. Physical or synthetic ETFs: Should you care? [blog] 11 November 2019. www.closebrothersam.com/for-financial-advisers/news-and-insights/physical-or-syntheticetfs/ (archived at https://perma.cc/MYS2-5NTY)

4. M Partridge. Great investors in history: Alfred Winslow Jones, *MoneyWeek*, 24 June 2016, moneyweek.com/443539/great-investorsin-history-alfred-winslow-jones (archived at https://perma.cc/4F3X-T66V)

5. A White. How Low Will Hedge Fund Fees Go in 2021? *Institutional Investor*, 4 January 2021, tinyurl.com/8sryay8c (archived at https://perma.cc/P4GK-XCZS)

6. B Carlson. The golden age of hedge funds, CFA Institute, 6 March 2017, blogs.cfainstitute.org/investor/2017/03/06/the-golden-age-ofhedge-funds/ (archived at https://perma.cc/43XC-WU4M)

7. M Perry. The SP 500 index out-performed hedge funds over the last 10 years. And it wasn't even close, American Enterprise Institute, 7 January 2021 [blog], www.aei.org/carpe-diem/the-sp-500-indexout-performed-hedge-funds-over-the-last-10-years-and-it-wasnt-evenclose/ (archived at https://perma.cc/NPB5-4EGS)

8. M Frankel. Warren Buffett just officially won his million–dollar bet, The Motley Fool, 3 January 2018, www.fool.com/investing/2018/01/03/warren–buffett–just–officially–won–his–milliondol.aspx (archived at https://perma.cc/PH2W–NPG4)

9. J Markoff. An "unknown" co–founder leaves after 20 years of glory and turmoil, *The New York Times*, 1 September 1997, www.nytimes.com/1997/09/01/business/an–unknown–co–founder–leaves–after–20–years–of–glory–and–turmoil.html (archived at https://perma.cc/P5NN–7QE5)

10. Cambridge Associates. US Venture Capital Index and selected benchmark statistics, 31 December 2017, www.cambridgeassociates.com/wp–content/uploads/2018/05/WEB–2017–Q4–USVC–Benchmark–Book.pdf (archived at https://perma.cc/29DV–MKTV)

11. A Gragya and N Sahdev. Orchid Global Capital Markets Case Study: A look back on Hilton's LBO by Blackstone, 3 September 2020, orchidglobalmarkets.org/2020/09/03/hilton–lbo–by–blackstone/ (archived at https://perma.cc/4CBP–DYQJ)

12. M Partridge. Public Markets are dying – the future, *MoneyWeek*, 13 November 2018, moneyweek.com/497797/public–markets–aredying–the–future–is–private (archived at https://perma.cc/25TT–QU63)

13. M Rowan. What hAppens in Vegas… the messy bankruptcy of Caesars Entertainment, *Financial Times*, 26 September 2017, www.ft.com/content/a0ed27c6–a2d4–11e7–b797–b61809486fe2 (archived at https://perma.cc/UW8J–22MK)

第六章

挑选主动型基金

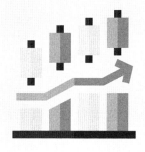

相比于自己去挑选个股，拥有一个由主动型基金和信托构成的小型投资组合，可以在帮你节省时间的同时，给你提供跑赢大盘的机会。然而，挑选最佳基金也没那么容易。虽然基金的过往业绩值得关注，但使投资成功的机会最大化的最佳方式是关注那些主动性分值（active score）高、投资组合配置集中且年费低的基金（就投资信托而言，则是选择那些在其资产净值的大幅折扣价格上交易的基金）。

挑选基金时，过往业绩重要吗？

在伊索寓言故事《龟兔赛跑》(*The Tortoise and the Hare*)
中，野兔虽在比赛中遥遥领先，最后却气喘吁吁地被乌龟反超。
同样道理，投资者也不断被告知"过往业绩不代表未来表现"，
FCA 要求在几乎所有营销文案上都要打上这句话，就像香烟包装
上的健康警告一样。

即便如此，大多数投资者（和顾问）都很关注基金的过往记
录。美国投资公司协会（Investment Company Institute）2018 年对
美国共同基金投资者进行的一项调查发现，87% 的投资者都会考
虑这一因素。[1]

FCA 自己进行的研究也显示出了类似的模式，即表现更好的
基金能得到更多投资，进而获得比同类基金更大的生存机会。[2]

况且现在还有证据表明，那些不久前表现较好的基金
在不久的将来也会表现得更好。例如，金融研究机构晨星
（Morningstar）的亚历克斯·布莱恩（Alex Bryan）和詹姆斯·李
（James Li）在 2016 年进行的一项研究发现，在 1996—2014 年，
美国所有主要类别的基金中表现最好的 20% 在接下来的一年中
都继续带来领先于平均水平的收益。

　　然而，想要利用这一点获利却没那么容易，因为布莱恩和李还发现，若每年都对基金持仓进行调整，以确保你只持有那些表现最好的基金，你将需要进行大量的交易，以致交易费用会超出任何有可能获得的利润。而且，一旦超过了短期，投资成功似乎就很短暂，晨星的研究表明，那些表现最好的基金在三年和五年后的业绩实际上会更糟。[3]

　　历史记录也显示了，即便是最优秀的基金也有表现差的时候。举个例子，沃伦·巴菲特的伯克希尔·哈撒韦公司（Berkshire Hathaway）或许是市面上所有基金中业绩记录最好的，平均年回报超过标准普尔 500 指数 10%，但在 53 年的经营过程中，它也有 17 年表现逊于市场。1974 年，伯克希尔的股票价值下跌了近一半，因为投资者纷纷避开它所青睐的成长型股票。然而，那些抛弃伯克希尔的人不仅会错过它在 1975 年的一次巨大反弹，还会错过随后几十年的巨额回报。[4]

　　总体而言，当判断是否要投资某个基金时，与其关注它在过去一年甚至是过去几年的表现，你更应该把眼光放得愈加长远些。理想情况下，你应该查看它在过去至少十年间的表现如何。

　　晨星找到的证据证明，那些不论在熊市还是牛市都有能力建立长期业绩记录的基金，往往都有更大的机会获得良好表现。具体来说，在 13 个基金类别中有 11 个类别，其中具有 10 年以上良好记录的基金都在下一个 10 年表现得更好。然而，他们也确实发现在某些情况下，这种关联性很弱。[5]

同样，虽然你所持有的基金或信托的糟糕表现着实令人担忧，但你并不应该自动抛售表现不佳的基金，尤其是当这种糟糕的表现只是短期的。

相反，你应当将它们的表现与采用类似投资策略的基金进行比较，看看问题是由基金经理的错误造成的，还是由构成此类基金的股票最近不热门了的情况造成的。如果是后者，你可能会想要再坚持持有一段时间。

当明星基金经理离任时，你应该怎么做？

只是因为某只基金的过往业绩优异就投资于它会产生的问题之一，就是它的成功可能是由一位已经离任或即将离任的基金经理创造的。更糟的是，接任的基金经理可能不如他们优秀，造成后续的基金表现变得很差——这就像在莎士比亚的同名三部曲中的亨利六世（Henry Ⅵ）最终失去了自己父亲获得的大部分领土一样。

当然，也有不少人认为明星基金经理被高估了，一只基金的表现应该是关乎整个团队的素质，包括研究分析师等更初级的员工。他们列举了富达特殊情况基金（Fidelity Special Situations）等例证，该基金在 2007 年安东尼·波顿（Anthony Bolton）离任后的十年中（截至 2018 年 7 月），依然有能力继续击败市场。[6]

这种观点有一部分也许是对的，但毕竟基金经理才是那个做最终决策的人，决定着买入卖出哪些股票。也难怪有研究显示，对管理基金的高层人事调整会给原本有着成功表现的基金带来负面影响。

举个例子，在 2014 年，由卡斯商学院的安德鲁·克莱尔（Andrew Clare）牵头的一个研究小组发现：在 1997—2011 年，在所有处于平均水平之上的基金当中，那些更换了基金经理的基金，随后的表现会不如其他基金，而那些坚持由原来的经理管理的基金则持续表现良好。他们还发现，在长期由同一个基金经理管理的情况下，基金的过往业绩与未来表现之间的关联会更紧密。[7]

这说明，你应该只关注基金在其现任经理下的业绩记录。所以，如果你必须在两只基金之间做出选择，其中一只基金在过去十年表现不佳，但任命了一位在过去两年中表现良好的经理，而另一只基金在过去十年中表现良好，却在新经理的带领下苦苦挣扎，在其他条件都相同的情况下，你应该选择前者。

不过，虽然你应该考虑撤出明星基金经理离开的基金，但你并没有必要跟随基金经理去买入新基金，除非你能确保新基金可以让他们发挥自己的优势。

这方面的典型例子或许就是尼尔·伍德福德，他曾经的表现是年均超过富时指数达 4%，随后他离开景顺集团（Invesco）并成立了自己的基金管理公司。然而，那些一股脑儿跑去与他一起投资的投资者要忍受好多年的糟糕表现，在那之后他的基金高调崩盘。[8]

应该选择年轻有为还是经验老到的基金经理？

基金经理的任期业绩记录可以为其管理的基金在未来如何表现提供重要线索。

不过很遗憾，获得良好的业绩记录需要时间的积累，这个问题代表着那些过往业绩优异的人往往年龄更大。

这一点很重要，正如哈佛大学的乔舒亚·哈茨霍恩（Joshua Hartshorne）和劳拉·杰明（Laura Germine）的研究表明的那样，虽然年龄大了也有一些好处，但其实我们的信息处理能力在十八九岁时是最强的，而我们的短期记忆能力在二十五岁左右达到巅峰。确实，如果拥有丰富的经验反而给人在处理新的或不熟悉的情况时造成更多困难的话，那它也可能是个缺点，尤其是对于那些负责凭借自己的判断去寻找未来增速最快的公司的基金经理来说。[9]

较年长的投资经理可能也很难再为调研和出差投入很多时间，而且他们可能会开始忍不住以一种不会立刻引起注意的方式缩减自己对工作的投入（尤其是如果他们在业界有一定的声誉），但这样做会对他们的基金业绩产生影响。

因此，毫无意外，耶鲁大学管理学院的朱迪思·希瓦利埃（Judith Chevalier）和格伦·埃里森（Glenn Ellison）在 1999 年进行的一项研究中发现了，年轻的基金经理往往能够击败比自己年长的同僚。[10]

况且，随着年岁增长，成功的基金经理大多会看到自己的基金规模日渐扩大，在单位信托的情况下，这来源于投资者源源不断的资金注入，可其实投资信托基金的规模也可以变大，这是由于投资组合的规模在扩大。

虽然较大的基金可以从规模经济中获益，但较大的规模使它们很难在不引发股价大幅波动的情况下大量买卖一家公司的股票。这同样也使它们很难向规模较小的公司进行投资，导致可供选择的投资范围进一步缩小，进而迫使它们朝着成为秘密跟踪基金（即到头来只是单纯跟随指数的主动型基金）的方向行动。

一项由加州大学的约瑟夫·陈（Joseph Chen）在 2004 年牵头的研究调查了 1963—2009 年 3 439 只美国共同基金的表现，发现一旦基金超过一定规模，回报就会开始减少。[11]

尽管作为历史上最成功的投资者之一，沃伦·巴菲特承认，伯克希尔·哈撒韦公司 5 000 亿美元的规模使其击败市场的难度更高了。1999 年，他（略显夸张地）声称只要他的基金规模足够小，让他还能够投资于自己职业生涯刚开始时所关注的那种不起眼的、被低估的公司，他可以获得每年 50% 的回报。他在 2019 年还重申了这一声明。[12]

　　总之，有许多基金经理都希望自己曾经可以效仿莎翁的《暴风雨》(*The Tempest*)中普洛斯彼罗(Prospero)的样子，鞠躬并宣布："现在我已把我的魔法尽行抛弃。"

　　彼得·林奇(Peter Lynch)在 1990 年辞去富达麦哲伦基金(Fidelity's Magellan Fund)经理的职务时震惊了世人，他抱怨道，在连续 13 年取得超过 30% 的年回报后，自己的身体已经筋疲力尽了。虽然他因"抛弃"投资者而遭到批评，但他当时对该基金规模过大的担忧后来被证实是正确的，因为该基金的表现在后来 20 年内都落后于市场。到 2011 年，该基金所管理的经通胀调整后的资产大约只是其 1990 年水平的一半。[13]

女性能成为更好的基金经理吗?

　　如果基金经理的年龄对基金收益有影响，那性别呢?

　　在电影《窈窕淑女》(*My Fair Lady*)中，亨利·希金斯(Henry Higgins)教授也许曾感叹过，"为什么女人不能更像男人?"但如今人们更有可能认同国际货币基金组织(IMF)总裁克里斯蒂娜·拉加德(Christine Lagarde)在 2010 年所说的话："如果雷曼兄弟是'雷曼姐妹'的话，今天的经济危机局势显然会大有不同。"[14]

　　美国和英国分别只有 11% 和 13% 的基金经理是女性，对于这一事实，很少有人质疑它有问题。[15] 但是，你能通过寻找由女性管理的基金来增加回报吗？

正如你所料，情况很复杂。

英国税务局（Inland Revenue）在 2017 年的一项研究表明，在选择投资哪些资产时，女性通常比男性更谨慎，她们持有更少的股票和更多的现金产品，这些不受她们的年龄影响。由于股票在中长期的表现优于现金产品，这降低了她们的投资回报，并也从侧面解释了为什么女性最终的养老金通常比男性少。

不过，这种谨慎也可以使女性成为更好的选股者。举个例子，华威商学院（Warwick Business School）的尼尔·斯图尔特（Neil Stewart）教授对巴克莱股票经纪公司（Barclays Stockbrokers）的 2 800 名客户进行了一项研究，发现女性的股票交易频率要低得多，从而降低了交易成本对其回报的影响，且有利于避开投机性的、流行一时的公司。其结果就是，女性以平均每年 1.85% 的优势击败男性。[16]

案例研究

凯蒂·波茨：英国顶级科技投资者之一

凯蒂·波茨（Katie Potts）是一位成功的女性基金经理代表。在从牛津大学获得工程学位并在工业集团 GKN 工作之后，她意识到英国制造业的未来很不确定。因此，她移居伦敦金融城，最初任职于霸菱资产管理公司（Barings

Asset Management），随后成了华宝银行（S G Warburg）的一名研究分析师，再后来，她于 1994 年创立了 Herald 投资管理公司（Herald Investment Management），并开始管理专注于科技领域的 Herald 投资信托基金（Herald Investment Trust）以及 Herald 世界基金（Herald's Worldwide Fund）。

波茨没有遵循常规的科技投资策略去购买昂贵的、以高估值交易的公司，而是专注于英国和美国的小盘科技公司。她坚信耐心和毅力的力量，即使在 2000 年和 2001 年泡沫破裂吓跑了她的许多竞争对手之后，她也依然决定坚守科技行业。

得益于买入芯片设计商 ARM 和苹果等公司股票的决定，她的策略成效显著。事实上，1994 年投入 Herald 投资信托基金的 10 000 英镑现在的价值会是 263 700 英镑（截至 2021 年 2 月 26 日）；相比之下，若投给富时全股指数（FTSE All-Share）收益则仅有 58 000 英镑。尽管如此，她指出，如果自己投资的许多公司没有被大公司收购的话，她的回报会更高。[17]

当涉及专业基金经理时，不同的研究也会得出不同的结果。蒂尔堡大学（Tilburg University）的理查德·詹森（Richard Jansen）发现，1980—2008 年，美国女性基金经理的表现要优于男性。与此相反，波士顿东北大学的妮科尔·博伊森（Nicole Boyson）和拉杰什·阿加沃尔（Rajesh Aggarwal）发现，在

1994—2014 年，由女性管理的对冲基金相比于由男性管理的，既没有达到更好的表现，也没有承担更少的风险。[18]

面对这些相互矛盾的证据，一个有趣的（且就更广泛的"性别之战"而言是乐观的）解决方案是看看由男性和女性基金经理共同管理的基金表现如何。

例如，晨星公司 2018 年的一项研究发现，仅由男性和仅由女性管理的基金，两者的表现是相似的，并且在 3 年、5 年和 10 年阶段内，它们的表现都不及混合性别的团队。[19]

同样，金融网站 Citywire 在 2018 年对 16 000 名基金经理进行的一项研究发现，混合性别管理团队在过去三年每年都以 0.5% 的优势击败其他基金。可惜的是，这样的基金相对罕见，仅占受管理的基金总资产的 15%，因此，如果只关注这类基金，你的选择会极大地受到限制。不过，它依然是值得你考虑的。[20]

道德投资怎么样？

在过去 30 年间，人们对道德投资（ethical investing）的兴趣激增，有数据估计，现如今，在欧洲市场投入基金的所有新资金中有一半都投给了宣称采取"道德"行为、承担"社会责任"或其他类似策略的基金或基金经理。[21]

在过去，大多数所谓道德投资者都真的是出于道德原因而这样做的。然而，有些人认为这样做也可能对守住盈亏底线有所帮助。

首先，道德投资的支持者认为，这类基金可以使你远离日渐衰败的行业。

其次，拥护道德投资的人还认为，不道德的行为最终是会殃及那些公司的，就像（深水地平线钻井爆炸导致原油泄漏的）BP公司和（爆出排放丑闻的）大众集团的投资者们付出巨大代价后才发现的那样。[22, 23]

最后，有一种观点认为，善待员工、客户和社会的公司也往往是那些经营得最好的公司。

"通过行善来获益"，这句话出自美国喜剧演员汤姆·莱勒（Tom Lehrer）的一首歌，用来讽刺自己做毒品贩子的好邻居，这句话当中的想法看起来当然颇具吸引力，但遗憾的是，支持这个想法的证据似乎好坏参半。

瑞信研究院（Credit Suisse Research Institute）的埃尔罗伊·迪姆森（Elroy Dimson）、保罗·马什（Paul Marsh）和彼得·斯汤顿（Peter Staunton）的研究表明，有些"肮脏"的行业的股票表现特别糟糕。例如，在过去120年中，美国煤炭矿业股的平均回报率比美国整体市场的收益低4%。

然而，烟草等其他（道德方面的）可疑行业的股票表现远好于市场整体表现，在1900年对美国烟草公司的1美元投资到2019年年底价值825万美元，若以大盘整体水平来看，当时1美元到2019年年底的价值仅为58 191美元。总体而言，研究者发现，即使考虑到规模、价值和动量等因素，"罪恶股（sin stock）"在美国、日本、欧洲和世界市场的回报率都会略高。[24]

　　如此看来，有研究发现传统意义上道德良好（即不包含存在道德问题的行业中的公司）的基金表现得再好也比不过这些竞争对手，也就不足为奇了。例如，沃顿商学院的克里斯托弗·盖奇（Christopher Geczy）的一项研究发现，在 1963—2001 年，道德基金（ethical funds）的回报率低于其他基金。[25]

　　如果你只是基于道德立场对道德投资感兴趣，那么这种轻微的表现不佳并不会造成太大影响。但是，如果你追求的是提高回报，那么你可能需要考虑"正面（positive）"基金。

　　与排除掉从事有问题的经营行为的公司不同，这些基金专注于一小批在面对道德问题时表现十分亮眼的公司。同时它们也会从更多层面来评估这些公司的行为，例如公司如何对待员工以及董事会追究管理层责任的能力，这也是现在越来越多人将道德投资称为 ESG（environmental, social and governance）（环境、社会、公司治理）投资的原因。

　　有证据显示，这种方式比传统的道德投资回报更高。科隆大学（University of Cologne）的亚历山大·肯普夫（Alexander Kempf）和皮尔·奥斯托夫（Peer Osthoff）在 2007 年进行的一项研究发现，使用正面筛选策略建立的投资组合在 1991—2004 年是跑赢了大盘的。[26]

　　然而，有一点需要注意，许多采用正面筛选策略的道德基金，会将类似于军工行业这样被传统道德基金排除在外的行业及细分领域包含在内。这种做法会引发批评,认为现代道德基金过度强调更全面的筛选方式,致使它们忽视了一个事实,那就是个别行业从根本上来说是破坏性的。

"GIRL"基金 ① 大概是我遇到过的最具争议性的道德基金,由颇受尊敬的基金经理海伦娜·莫里西(Helena Morrissey)于2018年年初推出。其想法是要创建一个依靠性别多样性而不是市值来衡量公司业绩的指数基金。

遗憾的是,正如我和其他一些人曾指出的那样,在实际操作中,该基金不仅投资了大盘指数所包含的350家公司中(除两家之外)的全部公司,甚至还重仓持有一家烟草公司,这从传统意义上来讲是ESG基金的大忌。果不其然,这只基金搞砸了,在运营6个月后仅吸引到了160万英镑的资金,最终于2020年年初被并入其他基金。[27、28]

你是否应该找愿意下大赌注的基金经理?

通常情况下,避开"秘密跟踪"基金是个好主意,它们是声

---

① L&G Future World Gender in Leadership fund,中文含义为"法通集团未来世界领导力性别多样性基金"。——译者注

称自己做主动投资但实际上只会跟踪（富时 100 或标准普尔 500 等）指数的基金。

但是，如果反其道而行之——去找那些做大额的"主动型"押注的基金，你能挣到钱吗？

一只基金想要成为主动型基金的方式之一，就是在其投资组合中以大比例重仓少数几只股票——有充分的证据证明，如果大多数基金经理能这样做的话，他们的业绩**可以**好很多。

由悉尼科技大学的丹尼·杨（Danny Yeung）及其他几位学者牵头于 2012 年进行的一项研究发现，在 2001—2009 年，如果大多数美国基金经理能将投资重点放在其基金的五大持仓上，他们的回报将大幅提高。

更重要的是，研究同样指出，那些**确实**在有重点地配置投资组合的基金经理，能够持续地跑赢大盘。例如，戴顿大学的乔恩·富尔克森（Jon Fulkerson）和阿肯色大学的蒂莫西·莱利（Timothy Riley）在 2019 年进行的一项研究表明，在 2009—2014 年，美国基金当中投资组合集中度最高的基金不仅击败了集中度较低的基金，也击败了整个大盘。[29]

使持仓更加集中的能力是投资信托基金相较于 OEIC 而言的另一个优势。这是因为，受法规的约束，OEIC 不得以超过其投资组合 10% 以上的份额持有任何单只股票，并且持仓占比达到基金的 5% 以上的各只股票总计不得超过投资组合的 40%。

然而，投资组合的集中度并不是衡量基金主动性的唯一指标，因为一只集中度高的基金，如果它的投资组合中只包含其业绩基准中最大的几家公司，那么它依然是被动型的。

2009 年，学者马丁·克雷默斯（Martijn Cremers）和安蒂·佩塔吉斯托（Antti Petajisto）开发了一个"主动性分值"，用于衡量基金投资组合与其业绩基准之间的差异程度。他们认为只有主动性分值在 60 分及以上的基金才是真正"主动的"。[30]

这项研究原本的关注点是主动性分值低的基金有多少，然而，佩塔吉斯托在 2013 年进行了一项追踪研究，查看了那些主动性分值高的基金表现如何。他发现，与绝大多数基金不同，那些主动性高的基金可以轻易地跑赢指数，即便是在算上相关费用之后也是如此。

尼克·特雷恩（Nick Train）是我最喜欢的投资组合管理人之一，他以拥有极其集中的投资组合而闻名，他的芬斯伯里增长与收入信托基金（Finsbury Growth and Income Trust）中超过 85% 的资产只投资于 10 家公司（这只信托基金也在我的个人投资账户中）。他不仅拥有良好的长期过往业绩记录，而且还在持续地为当前投资者创造丰厚的回报。[31]

廉价基金是跑赢大盘的法宝吗？

或许，想找到能跑赢大盘的主动管理型基金，最好方法是效仿莎士比亚《冬天的故事》(*The Winter's Tale*) 中不受人待见的流氓奥托吕科斯 (Autolycus)，成为"一个专门注意人家不留心的零碎东西的小偷"。换句话说，你应该去寻找那些成本和费用都最低的主动管理型基金和信托。

值得注意的关键数值是"持续费用数 (ongoing charges figure，简称 OCF)"——在美国也被称为"总费用比率 (total expenses ratio)"[1]，其中包括支付给运营基金或信托的公司的管理费，以及与基金运营相关的法律和行政成本。但是，它不包含与买入和卖出投资组合中的资产相关的成本，也不包含一次性收取的业绩报酬费用。

一项又一项的研究表明，费用昂贵的基金，其表现并不会明显优于费用便宜的基金，即使在扣除费用之前也是如此。

马德里大学的杰维尔·吉尔-巴佐 (Javier Gil-Bazo) 和巴勃罗·鲁伊斯-维尔杜 (Pablo Ruiz-Verdu) 发现，根据基金所持有的公司类型对基金的表现进行调整之后，在 1962—2005 年，费用更昂贵的美国共同基金实际上表现更差，甚至是在将费用纳入考量之前。[32]

换句话说，投资者支付了更高的费用，却让那些在选股方面的效率明显更低的人来管理他们的资金。

同样，FCA 发现，在 2013—2015 年的英国，最便宜的那五

---

[1]　在中国被称作基金内扣开销或总开销费用。——译者注

分之一的基金，它们的总业绩要优于最昂贵的那五分之一的基金（尽管一般来说，费用和总业绩之间并无关联）。[33]

如果较昂贵的基金所提供的总业绩与较便宜的基金相比是一样的甚至更差，那么它们（在扣除费用后）的净表现也更差是合乎逻辑的。

晨星的拉塞尔·金内尔（Russel Kinnel）在 2016 年进行的一项研究发现，基金费用确实是净回报的最佳预测指标，较昂贵的基金比收取较低费用的基金表现得更差。例如，从 2011 年年初到 2015 年年底，美国基金中最便宜的那 20% 的平均年回报率为9.78%，并且有 62% 的机会跑赢美国市场。相比之下，最昂贵的那 20% 的平均年回报率仅为 7.16%，只有五分之一的概率跑赢市场。[34]

再来分析投资信托。正如本书第五章所述，除了费用低，投资信托基金（即美国的封闭式基金）的股价也可以低于其投资组合中资产的净值（这种现象称为"折价交易"）。

这种情况部分原因可能是出于理性因素，包括投资信托基金可能持有难以估值的非流动性资产，或者因债务水平高而具有更高风险。然而，在许多情况下，市场也可能是反应过度，对信托基金折价过多。

虽然，对于英国信托基金的折价与未来回报之间的关系鲜有系统性研究，但普林斯顿大学的伯顿·马尔基尔（Burton Malkiel）和得克萨斯大学的徐叶晓（Yexiao Xu）曾对封闭式基金（即美国版信托基金）进行过研究。他们发现，在 1993 年 1 月至 2002 年

12 月期间，信托基金的折价越多，未来的回报就越好。[35]

这表明，如果你想使自己的未来回报最大化，最好是去看看那些在资产净值基础上以很大折价率进行交易的投资信托，不过同时也要意识到，如果在短期内折价率增加而不是缩减，你可能会面临损失。

重点知识

37. 过往业绩较好的基金，其未来表现往往也较好，虽然在超过短期之后，这种关系会变得很弱。

38. 一位成功的基金经理的离任，一般会导致该基金出现相对较差的表现。

39. 较年轻的基金经理往往比年长的经理业绩更好，虽然，由于缺少过往记录，对较年轻的基金经理的技能会比较难以进行评估。

40. 存在一些证据证明，平均来说，现在的女性基金经理比她们的异性对手表现更好，虽然（很遗憾），由于女性领导的基金太少，可能无法使其成为可行的投资策略。

41. 没有决定性的证据能表明由个人管理的基金或由两三个人管理的基金，哪个表现更好，但是，你应该避免接触由三个以上经理管理的基金。

42. 对良好行为和具有可持续性的行为进行正面筛选的道德基金，往往比普通基金和采用负面筛选策略的基金要表现得更好。不过要记住，此类基金也许会投资你可能会反感的行业。

43. 购买费用相对较低的基金和折价率较高的投资信托基
金，是使你的投资成功概率最大化的最佳方式。

注释

1. C Robbins. Fund investors chasing performance would do better to watch fees, Financial Advisor, 16 August 2018, fa-mag.com/news/mutual-fund-investors-still-focus-on-past-performance-40320.html (archived at https://perma.cc/4VD2-RSXF)

2. Financial Conduct Authority (2017) Asset Management Market Study Final Report, Financial Conduct Authority, London

3. A Bryan and J Li. Performance persistence among US mutual funds, Morningstar, Working Paper, 2016

4. A Schroeder (2009) *The Snowball: Warren Buffett and the business of life*, Bloomsbury Publishing, London

5. A Bryan and J Li. Performance persistence among US mutual funds, Morningstar, Working Paper, 2016

6. D Brenchley. Fidelity Special Situations: Turning £10,000 to £3.7m, Morningstar, 10 July 2018, www.morningstar.co.uk/uk/news/168769/fidelity-special-situations-turning-%C2%A310000-to-%C2%A337m.aspx (archived at https://perma.cc/C4UL-BDZR)

7. A Clare, N Motson, N Todorovic and S Sapuric. What impact does a change of fund manager have on mutual fund performance? *International Review of Financial Analysis*, August 2014, 35

8. O Walker (2021) *Built on a Lie: The rise and fall of Neil Woodford and the fate of middle England's money*, Penguin, London

9. J K Hartshorne and L T Germine. When does cognitive functioning peak? The asynchronous rise and fall of different cognitive abilities across the lifespan, *Psychological Science*, April 2015, 26 (4), 433–43

10. J Chevalier and G Ellison. Are some mutual funds managers better than others? Cross-sectional patterns in behavior and performance, *Journal of Finance*, June, 1999, 54 (3), 875–99

11. J Chen, H Hong, M Huang and J D Kubik. Does fund size erode mutual fund performance? The role of liquidity and organization, *American Economic Review*, December 2004, 94 (5), 1276–302

12. R Armstrong, E Platt and O Ralph. Warren Buffett: "I'm having more fun than any 88-year-old in the world", *Financial Times*, 25 April 2019, www.ft.com/content/40b9b356-661e-11e9-a79d-04f350474d62 (archived at https://perma.cc/68DK-S93V)

13. P Wang. How Magellan got lost at sea, CNN Money, 31 October 2011, money.cnn.com/2011/10/31/magazines/moneymag/magellan_fund_investing.moneymag/index.htm (archived at https://perma.cc/A4CB-C52K)

14. Dealbook. Lagarde: What if it had been Lehman Sisters? *New York Times*, 11 May 2010, dealbook.nytimes.com/2010/05/11/lagardewhat-if-it-had-been-lehman-sisters/ (archived at https://perma.cc/B9Y7-ZU4Z)

15. S Cheek. Number of female managers stagnates as funds universe balloons, Portfolio Advisor, 4 March 2020, portfolio-adviser.com/number-of-female-managers-stagnates-as-funds-universe-balloons/ (archived at https://perma.cc/8JML-HNCZ)

16. Warwick Business School. Are women better investors than men? 28 June 2018, www.wbs.ac.uk/news/are-women-better-investorsthan-men/ (archived at https://perma.cc/N73F-94WD)

17. M King. Herald: a tried and tested investment trust, MoneyWeek, 2 April 2019, moneyweek.com/503914/herald-a-tried-and-testedinvestment-trust (archived at https://perma.cc/29NX-4H5Z)

18. R Aggarwal and N Boyson. The performance of female hedge fund managers, *Review of Financial Economics*, February 2016

19. M Saragis and K Wing. Female fund manager performance: What does gender have to do with it? Morningstar, 8 March 2018, www.morningstar.com/insights/2018/03/08/female-fund-managers (archived at https://perma.cc/7FFS-SK3P)

20. Citywire. Alpha Female 2018: Mixed-gender teams produce better returns, 13 August 2018, citywire.co.uk/new-model-adviser/news/alpha-female-2018-mixed-gender-teams-produce-better-returns/a1146201 (archived at https://

perma.cc/TNH6-RZRR)

21. Funds Europe. ESG fund flows gain half of market share, 9 February 2021, www.funds-europe.com/news/esg-fund-flows-gain-half-ofmarket-share (archived at https://perma.cc/3GMY-FMBD)

22. E Haslett. One chart showing how BP's share price never recovered from the Deepwater Horizon disaster, City AM, 3 July 2015, www.cityam.com/one-chart-showing-how-bps-share-price-neverrecovered-deepwater-horizon-disaster/ (archived at https://perma.cc/B49R-EZQM)

23. G Colvin. 5 years in damages from the VW emissions cheating scandal are still rolling in, *Fortune*, 6 October 2020, fortune.com/2020/10/06/volkswagen-vw-emissions-scandal-damages/ (archived at https://perma.cc/GCH8-K4U6)

24. E Dimson, P Marsh and M Staunton (2020) *Credit Suisse Global Investment Returns Yearbook* 2020, Credit Suisse, London

25. C Geczy, R Stambaugh and D Levin. Investing in socially responsible mutual funds, Working Paper, October 2005

26. A Kempf and P Osthoff. The effect of socially responsible investing on portfolio performance, *European Financial Management*, 23 October 2007, 13 (5)

27. B Pritchard. Helena Morrissey's Girl fund snubbed by investors, Financial News, 14 January 2019, www.fnlondon.com/articles/helena-morrisseys-girl-fund-snubbed-by-investors-20190114 (archived at https://perma.cc/9XV5-98TM)

28. D Ricketts. "I am disAppointed": Helena Morrissey pulls money from "Girl Fund" she helped launch due to lack of investor interest, Financial News, 4 February 2021, www.fnlondon.com/articles/helena-morrissey-says-she-pulled-money-from-girl-fund-she-helpedlaunch-20210204 (archived at https://perma.cc/8ZDJ-5LZN)

29. J Fulkerson and T Riley. Portfolio concentration and mutual fund performance, *Journal of Empirical Finance*, 2019

30. M K J Cremers, and A Petajisto. How active is your fund manager? A new measure that predicts performance, *Review of Financial Studies*, 2009, 22 (9), 3329–65

31. M Partridge. Nick Train: the world's greatest investors, *MoneyWeek*, 6 January

2017, moneyweek.com/458381/nick-train-the-worldsgreatest-investors (archived at https://perma.cc/68FB-CSPT)

32. J Gil-Bazo and P Ruiz-Verdu. The relation between price and performance in the mutual fund industry, *Journal of Finance*, 2009, 64 (5), 2153-83

33. Financial Conduct Authority (2017) Asset Management Market Study Final Report, Financial Conduct Authority, London

34. R Kinnel. How fund fees are the best predictor of returns, Morningstar, 4 October 2016, www.morningstar.co.uk/uk/news/149421/how-fund-fees-are-the-best-predictor-of-returns.aspx (archived at https://perma.cc/5VGZ-DJCX)

35. B G Malkiel and Yexiao Xu. The persistence and predictability of closed-end fund discounts, Working Paper, 2005

第七章

价值投资

如果你想要挑选个股进行投资，那么采取某种投资策略可以大大缩减所需要研究的股票数量，从而帮你节省时间。价值投资就是一种很受欢迎的投资策略，该策略的核心在于购买股票时应选择交易价格在其公司资产或当前收益的较低倍数的公司。不过，单凭某家公司看上去很"便宜"并不能说明它就是被低估了的。而且，这种策略虽然在过去十分成功，但它最近十年的表现是低于平均水平的。

什么是价值投资?

奥斯卡·王尔德（Oscar Wilde）在《温夫人的扇子》（*Lady Windermere's Fan*）中写道，犬儒派（cynic）的人"什么东西都知道价格，可是不知道任何东西的价值"，而伤感派（sentimentalist）的人"什么东西都看得出荒谬的价值，可是不知道任何一件东西的市价"。按照这种逻辑，价值投资者既是犬儒派又是伤感派。

价值投资者的伤感派特征体现在他们觉得股票的市价经常与实际价值不符，他们还觉得这种情况给了投资者通过购买被低估的股票并待估值较为合理时卖出而盈利的机会。

价值投资者认为股票市场更像是一位名叫"市场先生（Mr Market）"、性格阴晴不定的投资者。用价值投资大师本杰明·格雷厄姆（Benjamin Graham）的话来说，市场先生对某些股票的观点看起来"似乎与你了解到的企业的发展状况和前景相吻合"。然而，有时候他的"热情或担心有些过度，这样他所估出的价值在你看来似乎有些愚蠢"。虽然，市场先生究竟处在什么情绪之中这一点在短期内无法预测，但价值投资者声称，从长期来看，价格通常会恢复到公允价值。[1]

也就是说，一只"公允"价值为 100p 但是价格被低估为

90p 的公司股票，与一只价值相同并且被估价为 100p 的股票相比，前者的获利机会更大。当然，一只价值为 100p 而交易价格仅为 80p 的股票，其表现会更好，这也是为什么价值投资者普遍认为你应该去挖掘尽可能大的估价落差（或称"误差幅度"）。

案例研究

菲利普·卡雷特：价值投资界传奇人物之一

尽管本杰明·格雷厄姆被人们视为"价值投资之父"，但菲利普·卡雷特（Philip Carret）可以说是更加成功，同时他也是被沃伦·巴菲特视作偶像的少数投资者之一。

卡雷特出生于 1896 年，他在 1928 年成立了世界上最早的投资基金之一——先锋基金（Pioneer Fund），这只基金他管理了 55 年，直到他 1983 年卸任。1963 年，他成立了卡雷特公司（Carret & Company），专注于私人账户管理，直到 1998 年去世前不久，他仍然在管理投资组合。卡雷特致力于寻找在他看来被低估的、不起眼的公司股票，并将要让投资至少翻倍作为目标。

不过，价格并不是卡雷特唯一关心的事情，他还要求他所投资的公司拥有良好的资产负债表、持续增长的收益和以个人身份持有大量公司股份的经理人。虽然他是一个主张买入并持有的投资者，但他坚信，要每六个月检查一次自己的所有投资，以确定自己是否依然有理由持有它们。

这一策略似乎颇有成效，因为在卡雷特在任的 55 年里，先锋基金的年回报率约为 13%，远远超过了标准普尔 500 指数在 1928—1983 年的 8.3%。[2]

相比之下，价值投资者的犬儒派特征体现在，他们倾向于对未来增长的承诺持怀疑态度。

从理论上讲，一家能够创造更强劲的未来利润的公司，应该有理由得到更高的估值。然而，许多价值投资者指出，市场预期越高，企业就越难满足这些预期。因此，大多数价值投资者倾向于关注那些以较低的当前资产、现金流和收益倍数进行交易的公司。

大多数价值投资者最倾向于关注的是市盈率（price/earnings ratio，简称 p/e），即公司的股价除以每股收益（即利润）[通常是按过去每四个季度的收益（trailing earnings）计算]。因此，股价为 200p、每股利润为 10p 的公司市盈率为 20，而股价为 100p、每股利润为 20p 的公司市盈率仅为 5。

一般情况下，价值投资者所关注的是市盈率尽可能低的公司，理想情况是能够低于 10，但至少要低于 15。

购买市盈率低于大盘整体水平的股票，这似乎是一种简单粗暴的策略，但它的业绩表现一直都非常好。例如，詹姆士·欧沙那希（James O'Shaughnessy）发现，从 1963 年年初到 2009 年年底，市盈率最低的美国股票的年回报率为 16.25%，而整个市场

的年回报率为 11.22%。相比之下，市盈率最高的股票的回报率
为 5.53%，低市盈率和高市盈率的股票之间的年回报率相差超过
10%。更重要的是，市盈率最低的股票在任何一年期内都有四分
之三的概率跑赢市场。[3]

什么是价值陷阱，你该如何避开它们？

价值股的平均表现较好并不代表所有符合"价值"（即价格
便宜）这一条件的股票都值得购买。有时候，某些公司股票的价
格之所以比当期收益便宜，并不是无缘无故的。

这类公司被称作价值陷阱（value traps），看上去是"捡了
便宜"的投资，但实际上这些公司自身存在很严重的问题，这
代表着投资者很可能会亏钱（起码相较于市场而言）。买入这
些公司的股票，就好像那些恐怖电影［例如《鬼哭神嚎》（*The
Amityville Horror*）］里面的人一样，以明显过低的价格买下一栋
旧宅，却发现房子里闹鬼。价值陷阱最明显的标志有以下几点：

● **周期性行业**：极易受经济周期影响的行业中的公司，股
价可能会看起来很便宜，尤其是相较于过去每四个季度
的收益而言。然而，这些股票鲜有真正物美价廉的，因

为它们的未来收益可能即将开始下跌。

- **一次性的改变**：有时候，一家公司的收益数额可能会受一次性事件的影响而大涨，比如卖出了某项资产或打赢了某场官司而获得收益，这种情况会抬高收益数额并降低市盈率。然而，由于此类事件只是暂时性的，公司的收益反而将回复到更低的水平。

- **生意衰败**：有些情况下，当期收益的数据虽然是准确的，但也是具有误导性的，因为公司正在走下坡路。这可能是由于各种原因造成的，例如行业正在衰退，公司的商业模式被打破，或者仅仅是由于公司经营不善。能源企业如果不能对其业务进行足够的再投资以扩充其能源储量，它们也可能会成为价值陷阱，因为即使是经营得最好的矿山或油井最终也会消耗殆尽。

- **大量债务**：就像普通投资者使用杠杆一样，如果公司能够利用这笔钱使自己迅速增长，以抵偿增加的利息费用，那么拥有大量债务对公司来说是件好事。然而，债务负担的增加同样会放大销售额减少所带来的影响，因为无论公司做得好还是坏，都必须支付债务利息。因此，陷入困境的公司将发现自己更难创造足够的现金来偿还债务。

避免价值陷阱最好的方法就是去查看公司最近的收益以及未来几年的预期收益。如果它们都处在下降趋势，或者目前的收益似乎异常高，那么你需要在投资之前再三斟酌。

什么是催化剂，为什么它们如此重要？

当买入看上去便宜的股票时，价值陷阱并不是唯一需要小心的东西。

即便你正确地辨别出一家公司是被低估的，市场对股票的情绪也可能需要一段时间才能朝着更乐观的方向发展。

在某些情况下，这种市场情绪的转变可能非常快。在金融危机之后，大多数人很快意识到，如果美国的主要银行并不会立即破产，那它们的价值是远高于当时的交易价格的。然而，那些在过去 15 年中坚信在价格是收益的低倍数时买入可以赚钱进而购买了日本股票的人，直到现在才开始看到自己的股价上涨。

这种转变的速度很重要，因为超额价值实现得越快，你就能越早卖出股票、获得盈利、把握新投资机会。

著名的价值投资者塞思·卡拉曼（Seth Klarman）将催化剂（catalysts）定义为有助于公司的潜在价值尽早实现的事件。[4]

换句话说，在投资领域里，催化剂就等同于安徒生的短篇故事《皇帝的新装》（*The Emperor's New Dress*）中那个大喊国王"什么都没有穿"的男孩。在故事中，虽然孩子的干预本身并不重要，但却是让整个人群改变其行为的信号。

有些催化剂事件的效果相对直接。想要令被低估的公司股价上涨，最直接的方式是由另一家公司以远高于现有股价的价格发出高溢价收购要约。

出售不必要的资产（如未使用的土地）或剥离非核心业务也可能有所帮助（前提是公司能合理使用回流的现金）。若能提振投资者的信心，即便连股份回购也是有所助益的方法。

而相对微妙的催化剂事件包括销售额或利润的意外增长。即使是销售额下降或亏损，如果公司能够做出令人信服的解释以证明其基础业务比大家预期的要好，它也可以被视为积极事件。重要的是市场认知（market perceptions）。

什么是深度价值或"烟蒂"投资？

大多数价值投资者都倾向于避开真正糟糕至极的公司。然而，一些"深度价值（deep value）"[1]投资者却愿意购买已然陷入困境的公司，前提是公司净资产（资产减去所有债务）的"账面价值（book value）"超过公司股票的市值。

---

[1]　深度价值投资在国内也被称为"反直觉投资"。——译者注

在 1991 年上映的喜剧《金钱太保》（*Other People's Money*）中，由丹尼·德维托（Danny DeVito）饰演的对冲基金经理"清算人"拉里·加菲尔德（Larry Garfield）试图接管陷入困境的新英格兰电线电缆公司。尽管该公司即将倒闭，却拥有价值至少 1 亿美元的土地、机械和若干子公司，而其股票的市值仅为 5 600 万美元，可谓是"死了比活着还值钱"。

与加菲尔德不同，大多数深度价值投资者并不会蓄意期盼自己投资的公司被拆分和清算。相反，以账面资产的折扣价购买一家公司，实则为投资者提供了某种形式的保险，即使公司的业务没有改善甚至变得更糟，也能确保对股东有利。出现公司低于账面价值出售股票的情况，也是市场出现深度悲观情绪的征兆。

如此一来，深度价值投资被称为"烟蒂"投资也就不足为奇了，因为它就好像是从地上捡起被丢弃的烟头儿，里面仍残留一些可用的烟丝。

不过，虽然"捡烟蒂"看上去似乎是一种低风险的赚钱方法，有一些事情你还是得要知道的。

首先，资产的估值可能并不是准确的，特别是如果有关资产价值是靠主观判断的（如知识产权）或资产缺乏流动性（意味着公司在被甩卖的情况下这些资产必须折价出售）。

其次，就算是准确的估值也可能会过时的问题，比如能源公司就是出了名的善于利用会计手段，这意味着它们可以在可能无法反映当前市场价格的水平上，对石油或天然气储量进行估值。

而且，鉴于账面价值是通过从总资产中减去负债来计算的，所以低估负债与夸大资产价值其实具有相同的效果，因为两者都会使公司的账面价值看起来比实际情况更健康。那些于 2009 年通用汽车公司（General Motors）最终破产之前，仅凭该公司股价看起来很便宜便向其投资的人，就是低估了该公司在医疗保健和养老金等方面的负债对其公司利润的影响。[5]

总之，如今想要有效执行深度价值投资策略是越来越难了，因为我们已经从投资资本密集型制造业转向了投资服务业和高科技公司。这些公司不仅资产轻，而且其资产的很大一部分由"无形资产"组成，例如知识产权和商标品牌。这些资产不仅无法估值，还很难像传统资产那样轻易地变现。

尽管如此，从长远来看，投资低市净率（price-to-book-value ratio）的公司仍然是一种有利可图的策略。

根据瑞信《2021 年全球投资回报年鉴》（*Credit Suisse Global Investment Returns Yearbook 2021*）中的数据，1927 年年初投入美国市场的 1 美元到 2020 年年底将价值 7 207 美元（年回报率 9.9%）。但是，如果你将这 1 美元投资于低市净率的股票，到 2021 年年初，你将拥有 70 124 美元（年化收益率 12.6%）。

英国的情况类似，若在 1955 年 7 月把 1 英镑投入低市净率股票，到 2020 年年底将变为 8 122 英镑，而同期英国市场整体的表现仅达到 1 255 英镑。[6]

什么是激进主义股票投资？

有些价值投资者属于"激进主义投资者（activist investors）"，他们有意地购买市盈率较低的表现糟糕的公司，并以试图扭转公司局面为明确目标。这些激进投资者中不乏那些想要重夺公司控制权的公司前所有者。

一般投资者并没有办法冲进董事会，要求一家公司的首席执行官（CEO）听取他或她想要如何扭亏为盈的计划。但是，按要求，专业的激进投资者必须在每个季度和当他们获得公司大量股份时列出自己的投资标的。这意味着，如果你愿意做一些调研，你可以找出他们所瞄准的公司，并通过购买这些公司的股票来跟随他们投资。

对激进主义投资最著名的辩护，或许来自电影《华尔街》（*Wall Street*）中由迈克尔·道格拉斯（Michael Douglas）饰演的戈登·盖柯（Gordon Gekko）发表的那篇臭名昭著的"贪婪是好的（Greed is Good）"演讲。盖柯认为，虽然 19 世纪的实业家有效地经营着他们的公司，那是"因为公司的钱与他们利益相关"，但是"管理层在现代企业中没有利益"这一事实，已经把他们变成了"官僚"，享受着他们的"商务客机和黄金降落伞 ①"。

当然，正如盖柯在电影中落得个可悲的下场一样，并非所

---

① golden parachutes，指企业给退休高层的优厚津贴。

有激进投资者的干预最终都能改善公司情况。在连锁时尚品牌
Superdry（极度干燥）的前大股东（及前所有者）朱利安·邓克
顿（Julian Dunkerton）于董事会政变中重新获得控制权后，我
在 2019 年 4 月以我认为是低价的 500p 少量买入了该公司股票。
然而，自那之后 Superdry 持续亏损，截至 2021 年 4 月，其股
价已然徘徊在 270p（尽管我设置的止损点让我以 439p 的价格
解套）。[7]

案例研究

埃迪·兰珀特与西尔斯百货

　　现实中最著名的一个由激进投资者将真实的公司摧
毁并使其股东损失数百万美元的案例，就是基金经理埃
迪·兰珀特（Eddie Lampert）对西尔斯百货的投资。兰珀特
在西尔斯曾经的竞争对手凯马特公司（Kmart）的投资中取
得过巨大成功，使其免于在 2003 年破产，并使自己的投资
价值在短短几年内从 8 亿美元上升到 40 亿美元。因此，两
年后，当他通过将美国百货公司西尔斯与凯马特合并、削
减在店内展示和销售人员上的支出等手段，试图如法炮制
先前的投资成功时，华尔街在最初阶段的欣喜若狂是不足
为奇的。

　　然而，没过几年，兰珀特的策略就显现出了弊端，它
将消费者推向了货品更丰富且服务更热情的竞争对手那里。

与此同时，公司内部怨声四起，说他什么小事都要管，而且他奇怪的组织架构调整，使公司分成了 30 多个不同的、相互竞争的部门。面对不断加重的亏损，西尔斯被迫开始出售资产、回笼现金，然而时值金融危机之后的经济萧条期，而且电子商务的崛起也正在摧毁传统零售商铺的价值。西尔斯，这个在鼎盛时期曾拥有 3 500 家门店的零售巨头，到 2018 年 10 月最终正式宣布破产之时，仍在经营的门店仅剩下 300 家。[8]

不过，有证据显示，总的来说，激进投资者的参与对公司是有益的，尤其是如果他们有能力改变现状的话。例如，2010 年，由伦敦商学院的朱利安·弗兰克斯（Julian Franks）领导的一队学者对爱马仕英国重点基金（Hermes UK Focus Fund）的记录进行了研究，这只基金在 1998—2004 年推行的就是激进策略。弗兰克和他的团队发现，在爱马仕有能力对事情做出改变的那段时间，其公司股票一直遥遥领先于整体市场表现。然而，当爱马仕不再能让其附属公司做出改变之后，公司的股票表现也随之跌落。[9]

同一支团队的另一项近期研究分析了来自 23 个国家的 1 740 次激进投资者参与的投资事件，他们发现成功的干预可以提升回报，且不受其他因素影响。弗兰克斯提到，他和其他队员的研究还发现，与激进投资者是资产剥离者的这种刻板印象正好相反，

（激进投资者的）干预并不会缩减投入到科研和开发当中的资金，反而可能会使这些投资增加。[10]

你应该何时将价值股卖出？

挑出被低估的股票只解决了价值投资问题的一半。即使股票价格随后成功上涨，你依然需要决定何时卖出股票。

虽然价值投资者习惯将自己描绘为长期投资者，但当他们认为的被低估的股票出现时，他们会迅速抛弃手头那些表现得太好以至于看起来已不再便宜、甚至有些贵的股票。

他们的理由是，就像被低估的股票的长期表现理应高于平均水平一样，被高估的股票将会不可避免地开始下跌，借用莎士比亚《终成眷属》（*All's Well That Ends Well*）中帕洛（Parolles）的话，被高估的股票（像青春一样）会变成一种"越是保存得长久，越是不值钱"的资产。而且，继续持有被高估的股票也会占用原本可以配置到其他利润空间更大的领域的现金。

这里便出现了两个问题。就像第三章所讲的那样，多项研究显示，相比于大盘中的其他股票而言，价格上涨的股票在短期内更有可能持续上涨。另外，股价上涨的公司，如果其背后的商业经营也有所改善，那么它仍然可能是被低估了的。

由于价值投资的核心在于忽略"市场先生"的影响、遵从基本面，大多数价值投资者都准备好了放弃任何由动量导致的后续价格上涨。然而，当股价上涨伴随着公司背后的商业经营的改善，事情就会变得有些复杂了。

只要商业经营方面的改善是显著且持久的，许多价值投资者还是乐于继续持有一只比传统意义上的"价值投资"略贵（指市盈率）的股票。而其他人则对于持有高市盈率的股票表示不安，不论公司的经营状况如何。

在 20 世纪 40 年代末，本杰明·格雷厄姆发现，保险邮购（mail-order）直销公司 GEICO 不仅被市场低估了，而且拥有一个很棒的商业模式。于是，格雷厄姆在 1948 年为他的基金购入了大量 GEICO 的股票，不止于此，即便在 GEICO 的股价已上涨至他的基金一般会选择卖出的水平时，他依然继续持有这些股票。从 1948 年直至 1956 年格雷厄姆退休，期间该公司的股价上涨了十倍之多。

相较之下，格雷厄姆当年手下的分析师之一，巴菲特就过早地卖出了自己手中的 GEICO 股票，错失了盈利机会。好在到后来的 20 世纪 70 年代末，巴菲特再次遇到了以低价购买该公司股票的机会，自那时起直到现在，巴菲特的基金依然坚持持有 GEICO 的股票。[11]

当进行价值投资时，你最好要记下自己对某公司"公允价值"的估计。这个方法应该能帮助你了解自己期待以什么价格出售该公司的股票。它还应该能帮助你在一开始便了解到该交易中是否有足够的上行空间、是否值得交易。

你还应该每六个月检查一遍各公司的"公允价值"，看看是否需要更新。另外，即使某公司仍然处在被低估的水平，但如果其股票价格自你买入以来已经翻了一番以上，或其市盈率已升至20或更高，你也可以考虑卖出了。

价值投资大势已去了吗？

虽然价值投资有着非常强劲的长期业绩记录，但它在过去十年中的表现相对较差，平均每年落后市场约 3.5%。

换句话说，价值投资相当于在投资界中经历了类似于克拉克·肯特（Clark Kent）变身"超人"的过程，只不过这次是相反的。

对此现象最简单、也最悲观的解释是，市场对价值投资者来说已经变得过于有效（effective），尤其是因为大多数基金经理已经见过无数表明价值投资"有效"的学术研究。在线筛选工具的兴起也让投资者能更轻松地快速锁定哪些股票在市盈率和市净率方面显得"便宜"。结果，价值投资变得过于受欢迎，以至很难再找到任何真正的"便宜货"，因为它们很快就会消失。

另一个重要的解释是由于自 2008 年金融危机以来长期的近

零利率和大量印钞。低利率和印钞对价值投资者来说就像氪星石①，因为它们不仅减少了价值投资的机会，而且它们的存在意味着价值股的表现往往会比成长股差（至少在短期内）。

低利率减少了价值投资的机会，因为它们降低了投资债券的吸引力，导致投资者转而将资金投入股票，从而将股价推高至看起来"便宜"的股票很少出现的程度。低利率还降低了所谓的贴现率，即在查看公司的利润来源时，给予未来利润的权重需要低于给予当期利润的权重。贴现率越低，未来的利润就变得越有价值，这对快速增长的公司的股票来说是个好消息，但对前景不太乐观的公司的股票来说却不是。

最后一种解释是，许多在技术和数字经济崛起期间的大赢家都是成长型股票，例如亚马逊、脸书（Facebook）和网飞（Netflix），而输家才是价值投资者喜欢的那些不起眼但曾经较为可靠的公司。数字经济的兴起也意味着传统的价值评估指标，如账面价值，在基于品牌等无形资产的经济体系中用处不大。

以上三种解释（更有效的信息、低利率和数字化颠覆）给价值投资者带来的显然都是负面影响。不过，现在就说价值投资大势已去，还为时尚早。

毕竟，长期投资决策仍然是由人类做出的，而人类很容易在恐慌和兴奋之间摇摆不定，这也是市场先生之所以存在的原因。

---

① 氪星石，kryptonite，一种只存在于超人系列故事中的虚构矿物，会使超人失去超能力。——译者注

因此，虽然从价值投资中赚钱可能比 50 年前更难了，但它绝不是不可能的。的确，早在 20 世纪 70 年代，人们就已经在抱怨价值投资不再是一种可行的投资策略了。[12]

价值投资的糟糕表现也意味着市盈率最高和最低的公司之间的差距从未如此之大。这肯定会创造出一些逢低买进的机会，特别是由于许多曾经代表着成长股的强劲表现的科技公司现在也开始增速放缓。

就像 WeWork（不得不放弃在 2020 年上市的尝试）这样各类科技股高调上市的失败案例表明，投资者对成长股的兴趣可能正在开始减弱。[13]

重点知识

44. 价值投资其实就是购买相对于当前交易价格而言被低估了的股票。说白了就是低买高卖。

45. 价值陷阱是指那些便宜得事出有因的公司，要么是因为它们的生意在下滑，要么是它们承担了太多的债务，要么是因为它们的业务是周期性的。为避免投到此类公司，你需要多做些研究。

46. 就算某家公司真的被低估了，等待市场认识到这一点也需要一些时间。而类似于一条振奋人心的新闻这样的催化剂事件，可以帮助加速这一进程。

47. 烟蒂投资是指以低于上市公司账面价值（净资产）的交易价格购买其股票。请记住，资产的实际价值可能比公司估算的要低很多，尤其是在该公司必须尽快变现的情况下。

48. 激进主义投资者是那些有意地买入表现糟糕的公司以期待扭亏为盈局面出现并获利的投资者。虽然一般投资者无法直接施压给公司要求其改变现状，但可以通过购买激进主义投资者所瞄准的公司的股票来间接实现这一点。

49. 卖出股票是价值投资中最困难的部分。虽然价值投资者有时面临着过早卖出的风险，但如果当股价上涨到开始变得昂贵的程度时，过分贪婪并不是一个好苗头。

50. 价值投资在过去十年中的表现虽然相对较差，但它仍然是一种可行的策略，并且其未来的表现可能会相对更好。

注释

1. B Graham with J Bogle (2005) *The Intelligent Investor: The classic text on value investing*, Harper Business, New York

2. J Train (2000) *Money Masters of Our Time*, HarperCollins, New York

3. J P O'Shaughnessy (2011) *What Works on Wall Street: The classic guide to the best-performing investment strategies of all time*, McGraw-Hill Education, New York

4. S A Klarman (1991) *Margin of safety: Risk-averse value investing strategies for the thoughtful investor*, HarperBusiness, New York

5. R Newman. Who will lose the most from the GM bankruptcy? US News & World Report, 19 May 2009, money.usnews.com/money/blogs/flowchart/2009/05/19/who-will-lose-the-most-from-a-gmbankruptcy (archived at https://perma.cc/Q6LS-6N78)

6. E Dimson, P Marsh and M Staunton (2021) *Credit Suisse Global Investment Returns Yearbook* 2021, Credit Suisse, London

7. A Carrick. Superdry woes continue as it flags going concern doubts, City AM, 19 January 2021, www.cityam.com/superdry-woescontinue-as-it-flags-going-concern-doubts/ (archived at https://perma.cc/2XF8-YM8C)

8. E McDowell. The rise and fall of Sears, once the largest and most powerful retailer in the world, Business Insider, 24 January 2020, www.businessinsider.com/rise-and-fall-of-sears-bankruptcy-storeclosings?r=US&IR=T (archived at https://perma.cc/L9T2-MQQE)

9. M Becht, J Franks, S Rossi and C Mayer. Returns to shareholder activism: Evidence from a clinical study of the Hermes UK Focus Fund, *Review of Financial Studies*, August 2009, 22 (8)

10. M Becht, J Franks, J Grant and H Wagner. Returns to hedge fund activism: An international study, *Review of Financial Studies*, September 2017, 30 (9), 2933-2971

11. M Hebner and M Coleman. The Impact of GEICO on Benjamin Graham and Warren Buffett, Index Fund Advisors, 27 August 2020, www.ifa.com/articles/ impact_geico_benjamin_graham_warren_buffett_luck_gecko/ (archived at https://perma.cc/A9LZ−PAZJ)

12. B Graham. A Conversation with Benjamin Graham, *Financial Analysts Journal*, 1976

13. BBC Business News. WeWork officially pulls plan for stock market listing, 30 September 2019, www.bbc.co.uk/news/business−49884247 (archived at https:// perma.cc/49DW−2GN5)

第八章

成长投资

与价值投资不同，成长型投资者专注于快速增长的公司和行业，以期它们最终能产生足够多的、与其高估值相匹配的利润。确实，如果某公司是少数能够在连续几年内强劲增长的公司之一，那么其投资者就有机会同时从更高的利润和更高的市盈率当中获利。然而，要找到具备这种增长能力的公司很困难，而在它们衰落之前找到最佳卖出时机同样也很困难。

什么是成长投资?

虽然价值投资名声在外,有着良好的长期业绩表现,但它并不是市面上唯一的投资策略。

成长投资是指投资于收入或利润在快速增长(或预计未来会增长)的公司的股票。

支持此投资策略的理由有两点。

其一,由于公司的利润(或收益)在决定其股价方面扮演着重要角色,那些能够快速增加利润的公司的股价应该比增长较慢的公司上涨得更快。

其二,快速增长也可以使投资者对一只股票的未来表现更加充满热情,从而愿意按其当前收益的高倍数价格进行支付。公司股票的价格收益比率(也称为"市盈率")的提高也将进一步提振其股价。

总的来讲,如果说,价值投资就像是足球经理寻找被低估的球员,以期他们可以帮助俱乐部在现有的资源下表现得比预期中更好,那么成长型投资就像一支球队花费数千万美元购买球星以帮助其赢得联赛冠军。任何足球迷都知道,后一种策略有时候能带来丰厚的回报。正如纪录片《我们曾经是冠军》(*We Once*

Were Champions）所描述的那样，买下像贝利（Pelé）这样的球星，不仅帮助纽约宇宙队（New York Cosmos）统治了北美足球联赛，还在短期内为球队赢得了巨大的声望。

如果你能有幸找到这样的公司，你获得的回报将是巨大的。富达投资的基金经理彼得·林奇就具有这种独到的眼光，他还发明了"十倍股（10-bagger）"这个名字来形容那些卖出时价格是最初买入价格 10 倍以上的股票。[1]

从更长的一段时间内看，有少数几只股票的表现甚至还要更好，苹果公司的股价在 2002 年年底至 2021 年年初期间飙升了500 多倍。[2] 英国线上零售商 ASOS 也表现出色，从 2001 年 10 月份上市到 2014 年年初，其股价上涨了 280 倍。[3]

麦肯锡（McKinsey）的埃里克·库彻（Eric Kutcher）、奥利维亚·诺特博姆（Olivia Nottebohm）和卡拉·斯普拉格（Kara Sprague）于 2014 年进行的一项研究调查了 3 000 多家上市科技公司及其股票在 1980—2012 年的走势。购买了这些公司中后续利润和收入增长率最快的股票的投资者，与那些投资于后续增长率仅为中等的公司股票的人相比，前者获得的年回报率要高 2~5倍（取决于投资规模）。[4]

尽管如此，这种试图挑选出在未来增长最快的公司的策略并非是没有风险的，因为甄别出能够持续快速增长的公司是很难的事情。伊利诺伊大学的路易·陈（Louis Chan）的一项研究发现，在 1951—1998 年，大约有 28.8% 的美股上市公司能连续两年保持高于中值的销售增长。但只有 6.3% 的公司可以连续五年保持这种表现，而 10 年的增长率只剩下 0.9% 了。[5]

总的来说，对于成长投资是否是一个好主意尚无定论。基金经理詹姆斯·奥肖内西（James P O'Shaughnessy）发现，在 1964—2009 年，若购买前一年利润增幅最高的股票便能够稍微跑赢大盘。但是，这样做会使你的投资组合面对更大的波动性。[6]

总之，认为成长投资就像买彩票的想法是十分有道理的——虽然它的回报可能是巨大的，但如果你想要领先于其他人，你将会需要很多技巧（或运气）。

如何找到快速增长的公司？

成长投资中一个流行的方法是，找到即将以惊人的速度增长的特定板块或行业，然后买入这些行业中一系列公司的股票。

基金管理公司普信（T Rowe Price）被认为是这种方法的先驱，其创始人用此法建立了一家成功的基金管理公司，近 40 年来，他管理的客户基金以每年 5% 左右的收益率领先于大盘。

例如，在 20 世纪 30 年代初，他预测，出于运输行业和重整军备的需要，市场对飞机的需求将大幅增加，因此他购买了一部分领先的飞机公司的股票。结果，他的资金在五年内增加了两倍多。随后，基于能源价格即将大幅上涨的预测，他在 1969 年设立了黄金和能源基金，这使他在当时取得了另一项重大成功。[7]

然而，这项策略也是有其特有的风险的。因为快速增长的行业最终往往会被少数几家大企业所垄断，被挤出主要市场的落败者只能争抢些残羹剩菜。

此外，令人惊讶的是，有非常多成长型公司的成功并非来自它们想出了一些全新的技术，而是来自对现有想法或行业的改造，或者只是更有效地实施了以前尝试过的商业计划。

一个经典例子就是麦当劳，它在 1965 年上市后的几十年里，为投资者创造了巨额利润。（展示麦当劳如何成为一个商业巨头的）电影《大创业家》（*The Founder*）中明确表明，麦当劳兄弟才是真正的创新者。但他们也不是第一个发明快餐概念的人，他们的第一次特许经营尝试也以惨败告终。然而，正是雷·克洛克（Ray Kroc）这位倒霉到头的推销员，凭借自己的商业天赋，成功地将麦当劳打造成一个价值数十亿美元的摇钱树——而且如果他没能找到让特许经营变得有利可图的方法，甚至连他自己也会破产。[8]

因此，大多数成功的成长型投资者会花费大量时间和精力来研究他们考虑投资的公司的质量，并且通常愿意考虑在增长较慢的行业中购买优秀公司的股票。

当然，找到能够区分胜者和败者的独特因素是有难度的。

成长型投资传奇人物菲利普·费舍（Phillip Fisher）有一份包含不少于 15 个不同标准的清单，用于评估一家公司是否值得投资。虽然这可能看起来有些吓人，但这些标准基本上可以分为以下三个类别：

- **战略**——这是公司的商业模式和未来计划。一家公司应该具有：寻找增长方式的计划，进军新市场的能力，丰厚的利润率以及守住利润率的计划，竞争优势和长远展望。

- **运营**——公司在交付产品和服务方面的表现很重要。一家表现良好的公司会显示出以下迹象：具有创新能力的研发部门，出色的销售团队，良好的劳资关系，成本控制能力以及强健的资产负债表。

- **管理**——公司的管理层也值得关注。强大的公司通常具有：高管之间良好的关系，强大的高管团队和不会掩盖糟糕业绩的诚实的管理层。

在寻找成长型公司时，其他值得注意的特征包括知识产权（如专利）、分销网络和牢固的客户关系。

在做决策之前，你可能还希望去探访公司的门店和（或）尝试其产品——如果产品质量很差，那你的投资可能不会带来好的回报。富达投资的彼得·林奇就非常喜欢购买自己熟悉和喜欢的公司的股票。[9]

你愿意为成长股支付什么价格?

找到一家快速增长的公司固然重要，但如果你想持续取得成功，你还需要关注为该公司股票支付的价格（以其价格收益比率或"市盈率"衡量）。

市盈率很重要，因为它体现了市场对一家公司的预期有多好——如果不能达到预期，即使公司表现良好，其股价最终也可能下跌。

一些公司的增长速度如此之快，以至它们可以担负得起高市盈率背后所代表的巨大期望。例如，2004 年谷歌上市时，其市盈率超过 100 倍。虽然包括我自己在内的很多人都认为这样的估值很荒谬，但在接下来的十年里，它的销售额猛增了 20 倍，利润增长了 10 倍多。结果，其股价仍在继续上涨。[10]

并不是每家公司都能成为谷歌，那么对于一家仍在快速增长，只是没有谷歌那么快的公司来说，合适的市盈率是多少呢?

计算股票的准确"公允价值"涉及一种被称为现金流折现模型（discounted cash flow model）的复杂过程。[11] 然而，基金经理们早已发展出了各种经验法则。其中一种捷径便是由投资专栏作家及基金经理吉姆·斯莱特（Jim Slater）提出，后被另一位传奇投资人彼得·林奇发扬光大的指标，称为 [（股价 / 收益增长率 = 市盈率相对盈利增长比率）price/earnings growth ratio，简称 PEG]。

这个指标就是将市盈率除以未来几年利润的预期百分比增长

率，即一家市盈率为 15 的公司，若每年预期利润增长 10%，其 PEG 为 1.5。

斯莱特的目标是购买 PEG 低于 1 的公司。然而，截至 2021 年 4 月，符合这一标准的股票少之又少。[12]

说来好笑，另一个更为实际的经验法则竟是由价值投资者本杰明·格雷厄姆研究出来的，那就是要避免购买市盈率大于其利润增长率的两倍加 8.5 的股票。

也就是说，一家增长率为 10% 的公司，其市盈率应该小于 （2 × 10）+8.5=28.5。

相比之下，一家年增长率仅为 5%（大致与名义经济增长率相当）的公司最多价值 18.5。虽然这个公式只是一种粗略估算，但它比 PEG 要现实得多。[13]

总的来说，我强烈建议你远离市盈率最高的公司。毕竟，根据奥肖内西的说法，自 20 世纪 60 年代以来，此类股票的表现平均每年落后于大盘 5%，即使是最好的选股者也很难逃脱这种概率。[14]

相反，既增长迅速又便宜的股票就格外值得投资，因为你既可以从利润的增加中获益，也可以从投资者愿意为这些利润支付的市盈率的增加中获益。2017 年 12 月，我为《理财周刊》提供的两个最赚钱的股票建议是苹果公司和在线运动品牌零售商 JD Sports。当时，这两家公司都以 15 倍左右的市盈率交易，而自那时起，它们的股价都已经翻了一番以上。[15]

值得注意的是，最成功的成长型基金经理所持有的股票也只比整个市场略贵一点点。[16] 因此，我绝对会避免买入市盈率超过 30 的股票。

或者，至少应该避免买入那些不产生任何利润的"蓝天"[①] 公司，因为它们往往具有极高的风险。

公司的债务水平到底有多重要？

成长型投资者需要做的最后一件事是避免购买承担了过多债务的公司。

从理论上讲，债务水平对投资者来说并不重要。学者默顿·米勒（Merton Miller）和弗朗克·莫迪格里亚尼（Franco Modigliani）在 20 世纪 50 年代的研究中解释了这一点，他们后来还因此获得了诺贝尔奖。他们指出，尽管当公司情况不好的时候，债务可能会增加风险（甚至导致破产），但如果情况良好，债务也会增加潜在的上行空间。[17]

---

① 来自 blue sky stock（蓝天股）的说法，指没有任何基本面支撑其高估值的股票。20 世纪初美国最高法院法官约瑟夫·麦肯纳（Joseph McKenna）被认为是"蓝天股"一词的首创者，用来形容对投资者没有实际价值的投机计划。——译者注

在 20 世纪 80 年代，像迈克尔·米利肯（Michael Milliken）这样的金融家甚至主张破产的可能性可以帮助高管集中精力，否则他们可能只会关注自己的私利。[18]（值得一提的是，米利肯后来因多项股票和税务违规行为而入狱，但于 2020 年获得赦免。）大多数国家还允许企业将利息支付从应缴纳的公司税款中扣除，尽管近年来英国和美国的税收改革对此进行了限制。[19]

然而，在现实世界中，高额债务对于股东来说通常是坏消息，原因有三：

- 首先，这意味着即使是最小的负面冲击也可能对公司利润产生严重影响。
- 其次，与对管理层进行约束的目标相反，高额债务也可能意味着管理层在浪费资金，或将其用于无效的目的。
- 最后，非常高的债务水平还可能是财务困境的标志，或者表明公司实际上没有真正盈利。

衡量债务水平的两个主要指标是负债权益比率（debt-to-equity ratio，简称 D/E，是债务与净资产之比）和债务覆盖率（debt coverage，又称偿债备付率，是现金流与利息支付之比）。在这两者中，最重要的比率是债务覆盖率，因为一个无法产生足够现金支付债务利息的公司有破产的危险。

基金经理詹姆斯·奥肖内西的一项研究发现，在 1964—2009 年，债务覆盖率最低的前 10% 的公司年回报率仅为 2.4%，

而整个大盘的回报率为 11.2%。[20] 因此，诀窍之一就是避开那些
息税前利润比当前利息支付额的 2.5 倍要少的公司。

总结一下，当考虑投资于成长型公司时，避免选择负债权益
比高、债务覆盖率低的公司，是个不错的主意。此外，如果公司
管理层没有明确的计划来说明他们将来如何偿还债务，对于这种
情况你应该特别关注。

并购可以促进增长吗？

在布莱特·伊斯顿·埃利斯（Bret Easton Ellis）的小说《美
国精神病人》（*American Psycho*）中，银行家（同时也是连环杀
手）帕特里克·贝特曼（Patrick Bateman）可能会吹嘘自己"沉
迷于谋杀和处决"，但兼并和收购也可以帮助公司快速促进增长。
收购另一家公司不仅可以将被收购公司的销售额和利润收入自己
囊中，有时还可以带来长期利益。

例如，收购一家从事类似业务的公司可能有助于自己公司快
速提高产能，而不必从头开始搭建。

兼并也可以帮助公司进入新的业务领域，或者使公司获得能
够应用于其现有业务的可增加收益的技术。例如，谷歌在 2005
年以 5 000 万美元并购安卓的决策似乎就是一笔划算的交易，考

虑到这使谷歌能够挑战苹果在智能手机市场的主导地位。[21]

兼并和接管另一家公司还可以消除竞争对手和增加市场实力，从而实现减少竞争的目的。

然而，大多数研究表明，总体而言，最终遭到"谋杀"的往往是收购方公司的股东（或兼并中的较大公司）。

在 2003 年，美国国家经济研究局（US National Bureau of Economic Research）的萨拉·B. 默勒（Sara B Moeller），弗雷德里克·P. 施林格曼（Frederik P Schlingemann）和勒内·M. 斯图兹（René M Stulz）对 1980—2001 年的 12 023 起完成的并购进行了研究。他们发现，在并购消息初次公布的头几天里，收购方公司的价值下降了 2 180 亿美元之多。[22]

其他研究也显示，这种负面影响会长期延续下去。

例如，哈佛大学的马克·米切尔（Mark Mitchell）和埃里克·斯塔福德（Erik Stafford）发现，在 1963—1991 年，收购方公司的股票在三年内平均表现落后于市场水平达 5%。[23]

加利福尼亚大学伯克利分校的乌尔里克·马尔门迪尔（Ulrike Malmendier）、恩里科·莫雷蒂（Enrico Moretti）和阿姆斯特丹大学的弗洛里安·彼得斯（Florian Peters）在 2012 年进行的研究中发现，当两家不同的公司对同一家公司进行竞标时，在接下来的三年里，那些竞标被拒绝的公司的股价表现反而比"获胜者"平均高出了 24%（国际上为 14%）。[24]

导致收购方的股东最终遭到"谋杀"的主要原因是大多数并购往往涉及巨额交易成本。

其中一些成本与支付给律师和投资银行家的费用相关。

不过，目前最大的开销在于收购方通常不得不以大幅高于被收购公司当前市值的价格进行收购。虽然溢价的规模大小可能会有所不同，但在许多情况下，尤其是当多家公司参与并开始相互竞标时，溢价可能高达 40%。

当然，对于目标公司的股东来说，这样的高溢价可能是个好消息，因此如果你认为某个公司有可能成为被收购的目标，购买其股票可能会是一个不错的选择。

你是否应该买入首次公开募股（IPO）的股票？

那些有意投资于成长型公司的人可能会有兴趣参与首次公开募股（IPO），即将私人控股公司在股票市场上市并将其股份完全开放交易。

虽然其中一些公司可能是已成立多年、为了筹集更多资金而走上公开市场的公司［就像电影《华盛顿邮报》（*The Post*）中于 1971 年发生的故事那样］，但大部分通常是在科技、工业或消费品领域快速增长的公司——尽管由于风险投资和私募股权的资金供应充裕，这些公司越来越倾向于更长时间地保持私有身份。[25]

好消息是，至少在初始阶段，IPO 的价格往往是被低估的。这是因为参与将公司上市的银行家通常同意承销发行，即购买任何未被买走的股票。这使他们有动力将价格保持在足够低的水平以吸引买家，从而将他们的风险降至最低。

因此，新上市的股票往往于一开始在公开市场交易后即刻出现价格上涨的现象。宾夕法尼亚州立大学的米歇尔·劳里（Michelle Lowry）、洛约拉玛利蒙特大学的弥迦·S.奥菲瑟（Micah S. Officer）和罗切斯特大学的 G.威廉·施维特（G. William Schwert）进行的一项研究发现，在 1965—2005 年进行的 8 759 次 IPO 中，首月的平均回报率为 22%。排除 1998—2000 年的科技泡沫，IPO 首月的平均回报率仍为 15%。[26]

遗憾的是，普通投资者很少能在股票上市交易之前获得最热门的 IPO 份额，因为银行和承销商通常会尝试将股票优先卖给机构投资者，其他人随后才有机会购买。这往往导致了散户投资者只能在初始价格暴涨后才能买入，而那时已不是理想的买入时机。

而且，股票初始价格暴涨时往往不会是购买的好时机。伊利诺伊大学的杰伊·瑞特（Jay Ritter）在 1991 年进行的一项研究发现，首日价格大幅上涨的股票，之后往往会伴随着长期的失望。[27]

当然，并非所有的 IPO 都是坏主意。脸书的 IPO 就曾遭到众人嘲笑，说它被严重高估，且在 2012 年夏季上市后不久，其股价暴跌近一半。[28] 不过，如果你一直持有脸书的股票至 2021 年年初，你的投资收益将增长超过 6 倍。[29]

　　尽管如此，通常情况下，对公开发行持相当程度的怀疑态度，是一个明智的选择。

你应该在何时卖出成长股？

　　在 2010 年的电影《社交网络》（*The Social Network*）中，纳普斯特公司（Napster）创始人斯科特·帕克（Scott Parker）告诫马克·扎克伯格（Mark Zuckerberg）别太早出售（或稀释）他在脸书的股权，他以一个悲惨的故事为例，那就是维多利亚的秘密创始人罗伊·雷蒙德（Roy Raymond）的遭遇。

　　雷蒙德在经营了维多利亚的秘密五年后，以 100 万美元的价格把公司卖给了莱斯利·韦克斯纳（Leslie Wexner），比他最初的投资多了 12 倍。然而，事后这家公司的价值继续飙升，几年后便达到了 5 亿美元，而雷蒙德却选择了自杀。[30]

　　既然成长投资的目的就是持有快速增长的公司的股票，大多数成长型投资者通常不需要太多劝说就会主动坚守成功的持仓。事实的确如此，英国标准人寿保险公司（Standard Life）的哈里·尼莫（Harry Nimmo）就将成长投资总结为"找到优秀的公司，坚守它们，并让你的成功持续下去"。[31]

案例研究

哈里·尼莫：在小公司中寻求增长

许多增长最快的公司同时也是小公司。基金经理尼莫就是一位在小公司类型成长投资方面取得了巨大成功的投资者。尼莫出生于 1957 年，于 1985 年作为投资分析师加入标准人寿。随后，他逐步晋升，并在标准人寿的英国小型公司基金（UK Smaller Companies Fund）于 1997 年推出时，被任命负责管理该基金（20 年后他仍在管理该基金）。2003 年，他被任命为标准人寿英国小型公司信托基金（UK Smaller Companies Trust）的负责人，至今也仍在管理该信托基金。

尼莫通常会采用定性和定量相结合的方法来寻找成长型公司。他首先根据公司盈利的一致性和利润增长率以及股票的最近价格表现对公司进行排名。然后他会对表现最好的公司进行深入研究。他通常喜欢关注那些具有更多增长空间但相对成熟的公司，而不是所谓的"蓝天公司"。后者要么还处于早期发展阶段，要么还尚未盈利。

采用这样的投资方法，尼莫管理的两只主要基金的表现远远超过富时 100 指数。例如，从 2003 年 9 月到 2018 年年初，标准人寿英国小型公司信托基金的回报率为 908%，而富时 100 指数仅为 194%。这相当于每年的平均回报率为 18.7%，而富时 100 指数的平均回报率为 8.3%。因此，假如在 1997 年标准人寿英国小型公司基金成立时投资 1 000 英镑，到 2018 年时可能已经增长到了 12 087 英镑（其年均增长率为 14%），而同期富时 100 指数只能达到 2 605 英镑（年均增长率为 5.2%）。[32]

很不幸，许多成长型投资者最终陷入了相反的难题，他们仍在持有那些早已过了鼎盛时期的公司股票。即使是最优秀的基金经理也能给出自己持有某些投资时间过长的例子。例如，尼克·特雷恩（Nick Train），一位因持有的投资组合换手率极低而闻名于业界的投资者，在 2019 年 10 月承认自己在持有出版商培生（Pearson）的股票时犯了错，尽管该公司在其股票价格下跌时多次发布利润预警（虽然如此，他仍然保持着对该公司的投资）。[33]

具有讽刺意味的是，尽管维密为韦克斯纳赚取了数十亿美元，但它最终也无法抵挡市场潮流的变化，其英国分公司于 2020 年进入了破产管理程序。[34]

那么，哪些迹象会表明一家公司已经过了巅峰期呢？

最明显的迹象是销售额和利润增长率的放缓。即使是最好的公司也可能受到经济周期的负面影响，但当销售额在经济表现良好的情况下开始放缓时，投资者应该思考一下，它是否已经过了巅峰期。

市场份额的下降是公司可能开始失去竞争优势的又一个迹象，特别是与竞争对手相比较。

另一个表明一家公司进入中年期的迹象是管理层开始变得懒散。没有任何近期成功业绩作为依据的高管薪酬的大幅上涨，以及与核心业务无关的并购交易，都是值得警惕的信号。如果公司 CEO 开始偏爱政治或其他方面的利益而仅花很少的时间在正经业务上，那么这也表明了他们可能已经耗尽了可利用的增长机会。

防范类似情况的最好方法是每年至少审查一次你的投资组合，看看你投资的公司是否仍然有足够的表现，可充分证明其在你投资组合中的价值。如果不能，那么你可能需要考虑抛掉它们。

重点知识

51. 成长投资就是买入那些能够以足够快的速度增长从而产生足够多的现金来证明其高估值的合理性的公司的股票。

52. 通常，在快速增长的行业和领域中可以找到许多投资机会，但在更成熟的经济体系中，管理良好的公司也可以是不错的投资对象。

53. 购买市盈率超过 30% 的股票很少会是个明智的决策，即便这家公司看起来前景还不错。

54. 对于成长型投资者来说，估值虽然是次要的，但若为一家公司支付超过 30 倍预期（即来年）收益的价格，这绝对不是一个好主意，无论这家公司有多好。

55. 成长型公司的债务水平往往比大多数公司高，但还是要尽量避免选择那些债务负担过重的公司。若一家公司的利息支付超过其总利润的 40%，则应该避免投资。

56. 尽管一些并购交易可能会带来增长，但大多数情况下会对收购方公司的股东造成价值损失，尤其是当潜在收购公司之间开始进行竞价战时。另外，首次公开募股可能是具有吸引力的投资方式，但应该谨慎对待。

57. 要对你投资的公司进行跟踪，以确保它们还没有过巅峰期，这一点很重要。

注释

1. *Forbes*. Peter Lynch: 10-Bagger Tales [blog] 23 February 2009. tinyurl. com/4r8hae8m (archived at https://perma.cc/ZBK8-SNE5)
2. Google Finance. Apple Inc, tinyurl.com/ur48xz4 (archived at https://perma.cc/ TDT2-ARZ7)
3. Google Finance. ASOS plc, tinyurl.com/narhn8kh (archived at https://perma. cc/USA9-PYJU)
4. E Kutcher, O Nottebohm and K Sprague. Grow fast or die slow, *McKinsey Quarterly*, 1 April 2014
5. L K C Chan, J Karceski and J Lakonishok. The level and persistence of growth rates, *Journal of Finance*, 21 March 2003, 58 (2), 643–684
6. J P O'Shaughnessy (2011) *What Works on Wall Street: The classic guide to the best-performing investment strategies of all time*, 4th edn, McGraw-Hill Education, New York
7. M Partridge. The world's greatest investors: Thomas Rowe Price Jr, *MoneyWeek*, 15 April 2016, moneyweek.com/435158/the-worldsgreatest-investors-thomas-rowe-price-jr (archived at https://perma.cc/Y7ST-MK7Q)
8. D Brancaccio. The true origin story behind McDonald's, Marketplace, 9 February 2017, www.marketplace.org/2017/02/09/ray-kroc-mcdonalds-fast-food/ (archived at https://perma.cc/TX7WB7RS)
9. K Kaplan. Buy what you know: An update on a classic investing strategy, Kiplinger, 18 September 2015, www.kiplinger.com/article/investing/t023-c032-s014-buy-what-you-know.html (archived at https://perma.cc/FHL3-TWR3)
10. J Ritter. Google's IPO, 10 Years Later, *Forbes*, 17 August 2014, www.forbes. com/sites/jayritter/2014/08/07/googles-ipo-10-yearslater/?sh=7add5a6b2e6c (archived at https://perma.cc/2U4X-Y23L)
11. A Matthiessen. Startup valuation: Applying the discounted cash flow method

in six easy steps, EY, 20 March 2019, www.ey.com/en_nl/finance–navigator/
startup–valuation–Applying–the–discounted–cashflow–method–in–six–easy–
steps (archived at https://perma.cc/B2MT–TMN2)

12. J B Maverick. What's considered a good PEG ratio? Investopedia, 12 August
    2021, www.investopedia.com/ask/answers/012715/what–considered–good–
    peg–price–earnings–growth–ratio.asp (archived at https://perma.cc/MPU3–
    AM7P)

13. B Graham with J Bogle (2005) *The Intelligent Investor: The classic text on
    value investing*, Harper Business, New York

14. J P O'Shaughnessy (2011) *What Works on Wall Street: The classic guide to
    the best-performing investment strategies of all time*, 4th edn, McGraw–Hill
    Education, New York

15. M Partridge. Where to find the hottest growth stocks, MoneyWeek, 30
    November 2017, moneyweek.com/477263/where–to–find–thehottest–growth–
    stocks (archived at https://perma.cc/9T5D–QKFN)

16. M Partridge. Where to find the hottest growth stocks, MoneyWeek, 30
    November 2017, moneyweek.com/477263/where–to–find–thehottest–growth–
    stocks (archived at https://perma.cc/9T5D–QKFN)

17. F Modigliani and M Miller. The cost of capital, corporation finance and the theory
    of investment, *American Economic Review*, June 1958, 48 (30), 261–97

18. Michael Milkenomics. *Forbes* [blog] 18 May 2006. www.forbes.com/2006/05/17/
    milken–corning–disney–in_gg_0518soapbox_inl.html?sh=a6c8ab4680d3
    (archived at https://perma.cc/KS2P–Y6ZH)

19. Norton Rose Fulbright. The new Corporate Interest Restriction, June 2017,
    www.nortonrosefulbright.com/en–gb/knowledge/publications/af6ee4e4/the–
    new–corporate–interest–restriction (archived at https://perma.cc/A7US–
    M4RN)

20. J P O'Shaughnessy (2011) *What Works on Wall Street: The classic guide to
    the best-performing investment strategies of all time*, 4th edn, McGraw–Hill
    Education, New York

21. US News and World Report. The 7 smartest acquisitions of all time, money.
    usnews.com/investing/articles/2016–07–06/the–7–smartestacquisitions–of–

all-time (archived at https://perma.cc/9NF6-P4F9)

22. S Moeller, F P Schlingemann and R M Stultz. Wealth destruction on a massive scale? A study of acquiring-firm returns in the recent merger wave, NBER Working Paper, 2004

23. M Mitchell and E Stafford. Managerial decision and long-term stock price performance, *Journal of Business*, July 2000, 73 (3), 287-329

24. U Malmendier. Winning by losing: Evidence on the long-run effects of mergers, NBER Working Paper, 2016

25. L Lee. The decline of the IPO, Stanford Graduate School of Business, 12 April 2018, www.gsb.stanford.edu/insights/decline-ipo (archived at https://perma.cc/X66H-3NCT)

26. M Lowry, M Officer and G W Schwert. The variability of IPO initial returns, NBER Working Paper, 2008

27. J Ritter. "The long-run performance of initial public offerings", *Journal of Finance*, March 1991, 46 (1), 3-27

28. D Tam. Facebook worst IPO flop of the decade, Bloomberg says, CNET, 25 May 2012, www.cnet.com/news/facebook-worst-ipo-flop-of-the-decade-bloomberg-says/ (archived at https://perma.cc/2D7B-KY89)

29. Google Finance. Facebook, Inc. Common Stock, tinyurl.com/3v63yya4 (archived at https://perma.cc/XKM3-V4KF)

30. E Blakeman. The tragic story of the man who invented Victoria's Secret, *Daily Telegraph*, 2 December 2014, www.telegraph.co.uk/men/fashion-and-style/11261445/The-tragic-story-of-the-man-whoinvented-Victorias-Secret.html (archived at https://perma.cc/A9YG-LACY)

31. M Partridge. Where to find the hottest growth stocks, *MoneyWeek*, 30 November 2017, moneyweek.com/477263/where-to-find-thehottest-growth-stocks (archived at https://perma.cc/9T5D-QKFN)

32. M Partridge. The world's greatest investors: Harry Nimmo, *MoneyWeek*, 19 May 2017, moneyweek.com/467109/the-worldsgreatest-investors-harry-nimmo (archived at https://perma.cc/7GB2-GND2)

33. D Levy. "Grumpy" Nick Train delivers another Pearson apology, Citywire Funds Insider, 26 January 2017, citywire.co.uk/fundsinsider/news/grumpy-

nick-train-delivers-another-pearson-apology/a987770?section=funds-insider (archived at https://perma.cc/E3LW-78ZJ)

34. BBC Business News. Victoria's Secret UK arm goes into administration, 5 June 2020, www.bbc.co.uk/news/business-52938462 (archived at https://perma.cc/R4FA-48FT)

第九章

收益投资

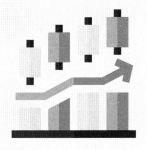

第三种主要的投资策略是收益投资（income investing），它所关注的是那些能够提供稳定股息的公司。收益投资成功的关键在于要重点关注那些不但能负担得起高股息，还能使股息增长的公司。找到这样的公司的最佳途径，是去寻找具有长期战略的公司，例如家族经营的企业，以及能够高效利用资本的公司。

什么是收益投资?

在电影《甜心先生》(*Jerry Maguire*)中,小库珀·古丁(Cuba Gooding Jr)对汤姆·克鲁斯(Tom Cruise)饰演的男主高呼道:"让我赚大钱!"这句话基本上概括了收益(或股息)投资的理念。

虽然价值投资和成长投资都倾向于关注资本的增值(如以高于买入价格卖出股票),但收益投资者更加关注他们从股票中获得的股息收入,而不是股价的波动。

确实,收益投资者寻找的便是那些能够支付相对股价而言较高的股息(即股息收益率较高),并且能够持续支付甚至增加股息的公司。

换句话说,股息投资者寻找的既是价值(通过股息收益率表示),也是质量(通过持续支付股息的能力展示),同时还有增长(增加股息的能力),而股价的增长只是次要考虑因素。

当然,许多公司并不符合这些标准。处于发展初期的公司不会大量支付股息,因为它们还尚未盈利,而那些以指数级速度增长的公司需要将所有盈利再投资。收益投资者还会避开处于严重财务困境的公司,因为这些公司可能无法持续支付股息,他们也会避开股价过高以至于股息收益率小得微不足道的公司。

因此，收益投资有时也被（尤其是其反对者）描述为只会关注"蓝筹股（blue-chip stocks）"——那些稳健、成熟的大型公司，这些公司可能不会立即破产，但也不是最令人兴奋的公司。

这并不完全是错误的，因为许多收益投资者最终确实会把自己的选择限制在大型"蓝筹股"当中。同时，有些行业，如采矿业和公用事业，确实拥有比其他行业更高比例的支付股息的股票。

然而，如果你愿意做一些调查研究，你也可以在包括科技行业在内的各个行业中，找到至少几家提供高于平均水平的股息的公司。同样，也有很多中小型公司提供强健的股息回报。

美国股市投资大师杰拉尔丁·韦斯（Geraldine Weiss）就是一位成功的收益投资者（详见案例研究）。同时，你甚至也可以认为巴菲特应用了40余年的"合理价格增长（Growth at a Reasonable Price）"策略与收益投资非常接近，尤其是考虑到他取得的巨大成功在很大程度上源于他对投资于保险公司所产生的现金流。[1]

案例研究

杰拉尔丁·韦斯

杰拉尔丁·韦斯是最成功的股息投资者之一。她通过夜校学习和通读圣地亚哥图书馆中的每一本投资书籍来了解投资。可她依然无法找到股票经纪人的工作，于是便在 1966 年创办了《投资品质趋势》（*Investment Quality Trends*）简报，并经营了超过 36 年（而且在此后的许多年里，她依然与之密切关联）。虽然她也同意价值投资的观点，但她认为利润太容易被操控，因此她的简报专注于建立一个由 10 到 20 家股息收益率相对较高的蓝筹公司组成的投资组合。

除了强劲的股息收益率，韦斯在股票选择中还考虑了其他因素，她认为只有满足以下七个关键标准中的大多数（或理想情况下全部）的股票才值得购买。这些标准包括：

1. 股息收益率高于历史股息收益率。

2. 过去 12 年股息每年至少增长 10%。

3. 交易价格不超过净资产价值的两倍。

4. 市盈率不超过 20 倍。

5. 收益至少是股息的两倍。

6. 债务占总市值的比例低于 50%。

7. 具有财务稳定性，以及足够长地被认定为"蓝筹股"业绩记录。

她的策略取得了成功，她的简报主推的股票不仅有着持续优于市场的表现，而且波动性较小。她最成功的推荐之一是可口可乐公司，在 1982—1992 年该公司单是股价便增长了超过 13 倍（之后因为其股息收益率相对于其历史价格而言已经下降，她便不再推荐这家公司）。即使在她离开

之后，这份遵循她策略的简报（截至 2019 年年底）仍然能
够击败整个大盘，并被认为是最成功的投资简报之一。[2, 3]

此外，有证据表明，高股息股票的表现确实优于那些股息
较低或没有股息的股票。例如，伦敦商学院的埃尔罗伊·迪姆森
（Elroy Dimson）、保罗·马什（Paul Marsh）和迈克尔·斯坦顿
（Mike Staunton）发现，1927 年 7 月至 2020 年年底期间，美国股
息收益率最高的股票年均回报率为 11%，相比之下，股息收益
率最低的股票年均回报率为 9.5%（无股息的股票为 9.2%）。[4]

同样，奈德戴维斯研究公司（Ned Davis Research）发现，如
果在 1972 年将 100 美元投资于美国股市中支付股息的股票，并
将股息再投资，到 2019 年年底，投资金额将变成 6 607 美元。
然而，如果你将同样的金额投资于不支付股息的股票，那么现在
它们的价值只有 388 美元。[5]

你该如何判断一家公司能否支付股息？

股息投资并不像简单地挑出股息收益率（即股息占股价百分
比）最高的公司那样容易。

一个主要问题是，那些有着极高的股息收益率的公司，往往到最后都被证实像莎士比亚的《维洛那二绅士》（*Two Gentlemen of Verona*）中瓦伦丁（Valentine）所说的那样，都"有一个专门管理言语出入的库房"，并且对于追随它们的人，"都用空言代替工钱"。

曾经有许多案例显示，即使是规模庞大且经营稳定的公司，也会被迫削减股息或完全取消股息。有时，削减股息是由于行业的结构性衰退，而其他情况下，则是由于高管试图以并不可持续的股息来取悦股东，从而必然导致的结果。

无论股息削减是由于业务下滑还是高管的过度承诺，对股东来说都可能是灾难性的。这不仅意味着股东获得的资金减少了，而且通常会影响股价的价值，因为投资者会担心这可能并不是最后一次削减股息。

市场研究公司奈德戴维斯还发现，在过去的四十年中，若你买入最近削减或取消过股息的公司股票然后持有一年，结果将是灾难性的。如果以这种方式在 1972 年投资 100 美元，到 2019 年年底就只剩下 79 美元了（如果考虑通胀因素，则仅剩 12.90 美元）。[6]

当然，如果一家陷入困境的公司不削减股息，那么它可能会破产，股东最终可能会失去一切。

为了确保股息的可持续性，人们通常会关注股息保障倍数（dividend cover）。这个指标是利润与股息的比率，股息保障倍数越高，理论上股息就越安全。

毕竟，如果股息保障倍数低于 1（意味着公司的利润低于支付的股息），那么长时间继续支付股息将导致公司承担无法承受的债务。

当然，仅仅因为公司的盈利超过了支付给股东的金额，并不意味着它的股息就是安全的，因为公司通常需要将一定比例的利润重新投资以保持增长并应对竞争。

总体而言，一个不错的经验法则是去寻找股息保障倍数小于1.5 的公司。[7] 在现实中，这意味着如果公司为每股支付 10p 的股息，那么公司每股的利润至少应该达到 15p，这样它的股息才能算作是有保障的。

股息保障倍数是检查股息可持续性的一种有用的入门方法。然而，它并非绝对可靠。

不诚实的管理层可能会操纵账目以控制收益。虽然这样做从会计学角度会出现很多警示信号，但其中一个经典迹象是很少有利润能够转化为实际的现金。

另外，一些公司的收益可能比其他公司更加具有波动性。例如，如果它们的负债较多，或者它们属于采矿业等收益严重依赖商品价格的行业。

公司是否在有效地利用自己的资源？

对大多数收益投资者来说，自己投资的公司仅仅是赚得足够的钱以支付稳定的股息，是远远不够的，因为他们通常希望股息能够随着时间的推移而增长。这样一来，公司就面临着增加利润的压力。

问题在于，为了增加利润，公司将不得不投入更多的资金用于机械、建筑、设备和研发，这将减少可用于支付当前股息的资金。

这形成了一个两难的情况：投入过多，公司将不得不削减股息以释放现金，但投入过少，公司将无法实现足够的增长以增加未来的股息。［这就好比乔纳森·斯威夫特（Jonathan Swift）在《一个小小的建议》（*A Modest Proposal*）中嘲讽性地提出饥荒受害者应该吃掉自己的孩子的想法。］

衡量一家公司的投入是否过少或过多的一个方法是，看它投入的资金所获得的回报率，也就是资本回报率（return on capital，不要与股票回报率混淆）。

衡量资本回报率有几种略微不同的方式，其中包括：资本支出回报率（return on capital expenditure，简称 ROCE）、投入资本回报率（return on invested capital，简称 ROIC）和资产回报率（return on assets，简称 RA 或 ROA）。然而，它们所关注的都是公司在经营活动中使用的资本（资产）所产生的利润，换句话说就是，公司在业务中投入的资金所获得的收益。

这当中最常用的衡量指标是投入资本回报率（ROIC），它是用收益（利润）加上利息支付然后再除以投入资本（资产减去总负债和现金）计算出来的。如果你不想自己计算，通常可以在大多数公司的年报中找到这个指标。[8]

ROIC 并不是一个完美的盈利衡量指标，因为有些项目可能需要数年才会对公司的盈利产生影响。但是，如果公司的 ROIC 高且稳定（比如大于 10%），那就意味着公司的增长有助于未来的股息支付，由此也会提升公司的整体价值。

然而，如果资本回报率较低，那么对股东而言最有利的做法，就是让管理层将利润用于支付股息，而不是继续投资于未来增长。

事实上，就像思腾思特（Stern, Stewart & Co）这样的全球咨询公司所指出的那样，那些增长很快但资本回报率持续偏低的公司，实际上降低了股东价值，因为它们的高增长并不能弥补股息的减少。[9]

家族企业怎么样？

有一类企业在平衡股东的短期和长期利益方面声誉卓著，那便是家族企业。

虽然家族制（family ownership）看起来可能有些过时，但实际上它比你想象的更为普遍，即使在上市公司中亦是如此。截至 2018 年，有 30% 的标普 500 指数公司以及五分之二的销售额超过 10 亿美元的美国本土公司都符合家族企业的标准定义，即至少有 20% 的股份由一个家族控制。虽然在富时指数中家族制并不那么突出，但仍然存在一些著名的例子，比如苏格兰软性饮料公司 A G Barr。[10]

家族企业常常被人们误以为是像莎士比亚的《李尔王》(*King Lear*) 中的情节那样，因为家庭纷争而无法专心管理，尤其是老一辈和年轻一代之间的矛盾，最终会导致实际业务受到忽视。再加上裙带关系，如此种种就解释了为什么许多投资者对这类公司持怀疑态度。

这些刻板印象中有些可能确有一定的真实性，特别是裙带关系方面。约翰·范·里宁 (John Van Reenen)、尼古拉斯·布鲁姆 (Nicholas Bloom) 和拉菲拉·萨顿 (Raffaella Sadun) 在 2011年共同撰写的一项研究显示，将公司交由长子掌权会导致糟糕的管理实践，对股价和利润都会产生负面影响。[11]

但是，这些问题完全能够被一些积极的方面所抵消，其中之一便是家族成员更有可能成为长期投资者，并以可持续和保守的方式经营他们的公司。

现有的研究表明，整体而言，家族经营的公司对投资者而言是有好处的。举例来说，瑞银 (UBS) 在 2015 年的一项研究中指出，在 2005 年至 2015 年期间，家族企业的表现远超整个市场。[12]另外，瑞士信贷的研究发现，自 2006 年以来，全球规模最大的1 000 家上市家族企业的股票表现也超过了市场平均水平，每年增长率达到 3.7%。

有一点需要注意，那就是家族对公司的控制比例（你可以在互联网上找到大多数上市公司的主要股东信息）。

如果家族控制的比例太低（例如低于 40%），他们可能没有动力关心公司的发展，也无法做出重大改变。然而，如果他们拥有大部分股份（例如超过 70%），他们可能会忽视外部股东的利益。用一位基金经理的话来说，我们希望家族的持股比例既能足够低，让他们必须接受外部反馈，又能足够高，让他们有充分的动力关心公司的发展。

另一个需要注意的因素是非家族成员董事的素质。这些外部董事应该是凭借实力而在董事会中任职的（也就是说，不应是因为与创始人在同一所学校就读或打高尔夫球认识的），并且他们应该在家族成员犯错时敢于发声。

最后，你需要关注家族对公司未来的愿景。与美国和欧洲公司相比，英国家族企业面临的问题更多，这可能是因为它们倾向于在证券交易所上市，以便让家族成员退出业务。因此，重要的是要审查公司提供的年度报告和投资者信息，看看管理层是否对公司的未来有远见。

竞争如何影响股东回报？

一家公司如何面对竞争，是能够决定这家公司未来长期表现的因素之一。

虽然企业之间的竞争对整个社会来说有好处，因为它有助于增加选择、降低价格、提高效率，并淘汰效率低下的企业，但对于单个企业本身来说，竞争的影响则相对复杂一些。一部分原因在于，每当一个企业在竞争中获得市场份额的同时，另一个企业就会失去份额。

而且，竞争对手的存在会迫使现有企业不得不依靠削减价格来维持生意，近而压缩了利润。风险投资家彼得·蒂尔（Peter Thiel，PayPal 创始人）喜欢把高度竞争的行业与家族经营的餐馆做比较。因为开餐馆很容易，所以大多数小餐馆几乎没有盈利，业主（以及他们的家人）的收入仅仅相当于最低工资水平。[13]

在某些情况下，企业之间的竞争可能会十分激烈，以至于整个行业都在亏损，而这可能会给股东造成毁灭性的影响。

在 1979 年航空业放开管制后，由于来自现有企业和新公司的多方竞争，航空票价即刻暴跌，导致几家主要航空公司立即破产。更糟糕的是，许多破产公司能够利用美国的破产法继续运营，继续拖累其他企业。[14]

因此，巴菲特在 2008 年半开玩笑地说到一个"有远见的资本家"应该通过击落第一架成功升空的飞机来"留给后人一个巨大的恩惠"，也是不足为奇的。[15]

相比之下，垄断（或企业之间缺乏竞争）给企业带来了稳定，使它们能够通过降低成本（通过对供应商的压榨）和提高价格（通过对消费者的压榨）来获得丰厚的利润。唯一真正的缺点是垄断可能会导致企业中出现自满情绪，因为宽松的环境会诱使管理者放松要求。

虽然企业通常不被允许共谋以减少竞争，但它们可以采取一些措施来保护自己，尤其是如果它们拥有所谓的"经济护城河"。

其中一种"经济护城河"是企业规模，较大的企业能够从规模经济中受益，从而能够打压那些试图进入市场的较小的竞争对手。

政府和法律壁垒也可能在无意中提高市场进入门槛。例如，严禁香烟广告（以及引入单一的包装）确实减少了新吸烟者的数量，但也意味着现有吸烟者更不太可能更换品牌。专利、商标和版权则是其他形式的法律壁垒，通过限制竞争来鼓励企业多进行研究方面的投入。

品牌和声誉在帮助企业抵御竞争方面也起着一定作用，强大的公司管理和消费者的产品转换成本也是如此。

显然，一些经济护城河比其他的更坚固。那些被认为是依赖于某种不公平的优势——如有利的监管制度而形成的护城河，会更容易受到变化的影响，相比之下那些被视为基于功绩——如知识产权而形成的护城河则更坚固。[16]

然而，就像侵略者最终总能找到办法穿越中国长城、英国哈德良长城（Hadrian's Wall），甚至是《权力的游戏》（*Game of Thrones*）中虚构的绝境长城一样，许多"护城河"最终失去了阻止竞争对手的力量。

有时，这种竞争力的消失是渐进的，一旦新企业迎头赶上，现有企业的品牌忠诚度和过往业绩的价值都会逐渐消退。

有时，技术的突然转变甚至可以使最成功的企业垮台。例如，百视达（Blockbuster）庞大的店铺网络就被数字流媒体的兴起所淘汰，而柯达胶卷（Kodak）则被数码相机的兴起所摧毁。[17, 18]

突如其来的竞争对那些毫无准备的现有企业来说，是具有毁灭性的。

直到 20 世纪 70 年代，美国汽车企业仍然认为自己的市场地位是固若金汤的。因此，它们允许了实际上不具有可持续性的工资和福利上涨，而不是将资金投至研发。然而，当市场潮流的转变以及日本汽车的卓越质量导致美国汽车市场份额暴跌时，它们发现，在自己占主导地位期间出现的额外成本使它们很难继续捍卫自己的地位。[19]

因此，仅仅拥有竞争优势（或经济护城河）还远远不够，这些优势、壁垒或护城河必须具备现实的、能够维持数年的可预期性。

公用事业怎么样，为什么它们对一些收益投资者很有吸引力？

一种在股息投资者中颇受欢迎、具有较稳固护城河的公司类型是公用事业部门。这些公司为人们提供基本需求，如电力、燃气和水务。

即使是今天，公用事业公司也依然受益于规模经济效益，由于它们需要在有产出之前先投入大量资金用于建筑、设备和基础设施。这意味着在公用事业供应商是私有企业的情况下，这些企业通常在地方进行垄断经营（如英国的水务行业），或者由少数几家寡头公司主导，例如英国的天然气和电力市场，有六家公司占据了该行业近四分之三的市场份额，其中前两家公司占据了一半的市场份额（截至 2021 年年初）。[20]

缺乏竞争意味着这些行业内的公司较少面临失去市场份额或利润被挤压的风险。与此同时，市场对其提供的商品和服务的需求往往相对不易受经济周期的影响。

尽管政府对于公用事业公司可能存在相当程度的监管，以确保它们能够提供基本的服务，并防止它们利用自己的垄断地位作威作福，但大多数监管机构通常也接受这样一个观点，即企业必须获得足够的利润来覆盖其持续的资本投入成本。因此，大多数公用事业公司都能够实现稳定的利润，从而以较高的收益率支付稳定的股息。

然而，投资公用事业也存在一些缺点。例如，尽管它们被允许获得适度的利润，但监管机构（以及公众）通常不赞成它们赚取过多的利润，即使额外的利润来自节约成本和提高效率。

虽说在经济不景气时，公用事业面对的市场需求可能相对稳定，但在经济好转时，市场需求增长的可能性也不大。这意着，虽然公用事业的股息收益率可能很高，但资本收益的机会非常有限。高股息和低资本收益的组合也意味着公用事业股票很容易受到利率上升的影响（那为什么要投资公用事业股票，而不是选择购买能获得良好回报的政府债券呢？）。

最近，一些公用事业公司试图通过采用各种策略来改变自己在投资者眼中可靠但乏味的形象。

有些公司选择收购其他公用事业公司，无论是在同一业务领域还是不同领域的，寄希望于发挥自己的专业技能，更高效地管理它们。

另一些公司则增加了债务，希望通过这样的方式获得更大的利润，从而向股东返还更多资金。

第三种想法是进军发展中国家的市场，因为这些市场对电力等需求仍在不断增加，或者进军发达市场中增长更快的细分领域，例如可再生能源。[21]

尽管这些策略都可能会有效果，但它们也伴随着额外的风险。正如我们之前讨论过的，收购最终可以使被收购公司的股东和与交易有关的银行家们都获益，唯独不包括进行收购的公司本身［就像《辛普森一家》（The Simpsons）中有一集，某德国公司收购了霍默·辛普森（Homer Simpson）的雇主公司之后，才痛苦地发现了这个问题］。

增加债务可能增加破产的风险，而海外扩张和细分市场也各有各的风险。

总的来说，研究显示，在 1900 年至 2019 年年底期间，公用事业公司的总回报大多略低于整个市场的平均水平，因此它们通常并不是特别赚钱的投资。[22]

你是否有可能靠股息生活？

收益投资者可以分为两类：一类是利用收益投资作为获取超过平均水平的股票投资回报的方式，另一类则是在寻求获得可靠收入的投资。

第一类投资者通常会将股息再投资，以保持回报的复利效应。

然而，第二类投资者通常会用股息来负担生活成本，同时继续持有股票。

这并不是一个新理念。事实上，当约翰·高尔斯华绥（John Galsworthy）的小说《福尔赛世家》（*Forsyte Saga*）中的大家族收到他们继承的政府债券时，他们便迅速将大部分转换为"各种股票"。

然而，以获得的股息支付生活费用的理念受到了两个因素的推动：一是债券的整体利率处于历史低位，二是制度的变更允许退休人员按自己的意愿对养老金进行投资，而非只能购买年金。

这个想法听起来确实很有意思。因为在英国和美国，股息的长期增长一直快过通货膨胀，这意味着你的收入增长是实际性的。与此同时，与每年卖掉一部分投资组合以获得收益相比，从主要指数（比如标普 500 和富时 100）中累积的股息更稳定，这也意味着你的收入也更稳定可靠。

很遗憾，这种策略存在三个重大问题。

首先，它依赖于你在股价大幅下跌时能保持冷静，而这非常困难。

其次，虽然股息相对于股价来说波动性较小，但股息也绝非完全稳定。在 2000—2002 年和 2007—2009 年的熊市中，标普 500 指数公司的平均股息大幅下降，两次分别下降了 14% 和 25%（纳入了通胀），虽然下降幅度比股价的下跌小得多，但对养老金收入而言仍然是个重创。再比如，在 1930—1936 年，实际股息几乎减少了一半，直到 1951 年才恢复到之前的峰值。[23]

整体来看，在 2020 年当中，政府的压力和金融不确定性导致富时 100 指数中有 51 家公司要么削减股息，要么完全取消股息。[24]

这其中就包括能源公司荷兰皇家壳牌（Royal Dutch Shell），这还是它自二战以来首次削减股息。[25]

最后，现在的公司作为股息支付的利润比例越来越少了，相应的，它们通过股份回购等其他方式向股东返还资金。

为了避免这种命运，一些收益投资者喜欢关注所谓的"股息贵族"，即一批连续 25 年提高股息的精英公司。

然而，尽管相对于普通公司而言，这些公司在支付股息方面

更可靠，但就连它们在面对重压时也不得不改变政策。在 2009
年年初符合条件的 52 个股息贵族中，有 19 个（占 36%）在后来
的两年内被迫削减了股息。此外，许多贵族公司的股息收益率也
相对较低。[26]

　　不过，虽然支付股息的股票在安全性方面不能完全替代债
券，但它们应该是每一个人的投资组合中的重要组成部分，即使
是退休人员也应该持有一些。

重点知识

58. 收益投资者主要通过股息而非资本增值来获得回报。
    因此，他们主要寻找具有高于平均水平的股息收益率
    的公司，同时也寻找那些能够持续支付股息甚至增加
    股息的公司。

59. 仅仅因为一家公司提供了较高的股息收益率，并不意
    味着它一定是一个有吸引力的投资对象。与公司当期
    利润接近或超过公司利润的股息，很可能是不具有可
    持续性的。

60. 为了保持增长态势和市场地位，公司可能需要将其利
    润的大部分重新投入到业务当中。高资本回报率可以
    使公司在支付当前股息和未来再投入之间取得平衡。

61. 由家族控制的公司容易出现裙带关系和成员纷争等问
    题。不过，家族控股也可以促使管理者更有责任心，
    并迫使他们采用长远的眼光进行管理。

62. 竞争对于社会来说可能是好事，但竞争也会压缩利润

空间和市场份额，从而侵蚀公司价值。经济护城河有助于保护企业免受竞争，但它们也并非无懈可击，尤其是当它们被视为一种不公平的时候。

63. 公用事业公司（提供水、电和燃气等服务的公司）被视为提供高股息收益的"防御性"投资。然而，它们所提供的增长机会有限，并且很容易受到利率上调和监管变化的影响。

64. 股息通常比投资收益更稳定。然而，仅依靠股息过日子仍然是一种极其冒险的策略。

注释

1. Vintage Value Investing How Warren Buffett used insurance float to become the second richest person in the world, [blog] 11 April 2017. www.vintagevalueinvesting.com/how-warren−buffett−used−insurancefloat−to−become−the−second−richest−person−in−the−world/ (archived at https://perma.cc/SP2L−JYXF)

2. A Leek. How to invest like⋯ Geraldine Weiss, the queen of blue−chip dividends, *Daily Telegraph*, 18 September 2017, www.telegraph.co.uk/money/special−reports/invest−likegeraldine−weissthe−queen−blue−chipdividends/ (archived at https://perma.cc/F5M9−MLBN)

3. IQ Trends. The Hulbert 2019−2020 Investment Newsletter Honor Roll, Investment Quality Trends, www.iqtrends.com/ (archived at https://perma.cc/67BS−U2LG)

4. E Dimson, P Marsh and M Staunton (2021) *Credit Suisse Global Investment Returns Yearbook* 2021, Credit Suisse, London

5. Washington Crossing Advisors. The case for rising dividends, 2020, washingtoncrossingadvisors.com/commentary/041320/041320.pdf (archived at https://perma.cc/VK2N−THD9)

6. Washington Crossing Advisors. The case for rising dividends, 2020, washingtoncrossingadvisors.com/commentary/041320/041320.pdf (archived at https://perma.cc/VK2N−THD9)

7. C S Heaton. Are your dividends under threat? *MoneyWeek*, 5 May 2015, moneyweek.com/389936/are−your−dividends−under−threat (archived at https://perma.cc/FAZ9−4KTQ)

8. A Damodaran (2012) *Investment Valuation: Tools and techniques for determining the value of any asset*, Wiley, New York

9. T Bennett. How to measure the value of your investment decisions, *MoneyWeek*, 30 October 2009, moneyweek.com/10968/investmentstrategy−economic−value−added−eva−45927 (archived at https://perma.cc/7ETE−ACE5)

10. M Partridge. Relative returns: why you should seek out family-run firms, *MoneyWeek*, 22 November 2018, moneyweek.com/498217/why-you-should-invest-in-family-owned-companies (archived at https://perma.cc/U2U8-UE5V)

11. N Bloom, R Sadun and J Van Reenan. Family firms need professional management, *Harvard Business Review*, 25 March 2011

12. H Jeaneau, B Ojeda, M Watanabe, M Byers and J Hudson. Why do family-controlled public companies outperform? The value of disciplined governance, UBS Working Paper, 13 April 2015

13. P Thiel and B Masters (2015) *Zero to One: Notes on startups, or how to build the future*, Virgin Books, London

14. S Piazza. 30 years after airline deregulation: Who is the big winner?, Ohio State University Law School Magazine, 2009

15. J Barro. Warren Buffett should have listened to Warren Buffett about airlines, *New York Magazine*, 4 May 2020, nymag.com/intelligencer/2020/05/warren-buffett-should-have-listened-to-himself-on-airlines.html (archived at https://perma.cc/6P44-XD3S)

16. M Partridge. Do your stocks have moats?, *MoneyWeek*, 21 October 2016, moneyweek.com/452743/do-your-stocks-have-moats (archived at https://perma.cc/UL69-MBAZ)

17. C Mui. How Kodak failed, *Forbes*, 18 January 2012, www.forbes.com/sites/chunkamui/2012/01/18/how-kodak-failed/?sh=2dd2cce36f27 (archived at https://perma.cc/ABN5-4WFA)

18. F Olito. The rise and fall of Blockbuster, Business Insider, 20 August 2020, www.businessinsider.com/rise-and-fall-of-blockbuster?r=US&IR=T (archived at https://perma.cc/8KVM-V64K)

19. T H Klier. From tail fins to hybrids: How Detroit lost its dominance of the US auto market, Federal Reserve Bank of Chicago, Working Paper, 2009

20. S Corfe, A Battacharya and R Hyde. Banking and competition in the UK economy, Social Market Foundation, Working Paper, 2021

21. J Spross. Utilities are taking on record debt levels. Good., The Week, 24 December 2019, theweek.com/articles/885908/utilities-are-takingrecord-

debt−levels−good (archived at https://perma.cc/WG4J−BH2Q)

22. E Dimson, P Marsh and M Staunton (2020) *Credit Suisse Global Investment Returns Yearbook* 2020, Credit Suisse, London

23. Robert Shiller. Long term stock, bond, interest rate and consumption data, www.econ.yale.edu/~shiller/data/chapt26.xlsx (archived at https://perma.cc/A9SF−8TLF)

24. K Caldwell. The staggering scale of UK dividend cuts in 2020 revealed, Interactive Investors, 7 December 2020, www.ii.co.uk/analysis−commentary/staggering−scale−uk−dividend−cuts−2020−revealed−ii514404 (archived at https://perma.cc/N5YS−V2LH)

25. BBC Business News. Shell cuts dividend for first time since WW2, 30 April 2020, www.bbc.co.uk/news/business−52483455 (archived at https://perma.cc/P5EL−R6X4)

26. Sure Dividend. The performance of every dividend aristocrat during the great recession, www.suredividend.com/dividend−aristocratsgreat−recession/ (archived at https://perma.cc/D8JW−CEG4)

第十章

混乱过后的投资

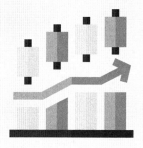

虽然大多数投资者倾向于采用"自下而上（bottom-up）"的投资策略，但与公司相关的因素或者外部事件都有可能对投资产生影响——有时可能是巨大的影响。然而，要预测这种影响的大小并非易事，为此，能够辨别噪声和信号就非常重要。

当鲜血满街时，你应该买入吗？

据称，19 世纪著名金融家纳撒尼尔·梅耶·罗斯柴尔德（Nathaniel Meyer Rothschild）曾经说过："当鲜血满街时，就是最好的买入时机，哪怕那鲜血是你自己的。"（"在炮火声中买入，在号角声中卖出"这句话也被认为出自他口）[1]

换句话说，罗斯柴尔德认为市场往往对灾难性事件或灾难性后果反应过度，从而产生了抄底的机会。

当然，罗斯柴尔德本人对此有亲身经历，他和他的家族在帮助不列颠和普鲁士政府筹措资金用于对抗拿破仑的战争方面发挥了重要作用，而当时一些不够勇敢的投资者还在担心战争失败可能导致政府违约。[2]

另一位投资家约翰·邓普顿（John Templeton）也利用了由政治危机引发的投资恐慌，以十分低廉的价格购入资产。在二战开始时，他花了 10 000 美元买入了美国股市中每一只股价低于 1 美元的股票。在接下来的四年里，他投资的 104 家公司的价值总共翻了两番，将他的 10 000 美元变成了 40 000 美元。邓普顿随后也利用从这次交易中赚得的钱开启了他在华尔街的职业生涯。[3]

选择在危机时期买入股票，对罗斯柴尔德和邓普顿来说也许奏效，但如果你选择追求这种策略，你需要意识到两件事情。

首先，仅仅因为某件事情似乎可怕至极、超乎想象，并不意味着它不会发生。

在 2002 年希腊加入欧元区后，许多投资者以高价购买了希腊国债，认为它们的风险不会比法国或德国国债大。即使2008—2009 年的金融危机暴露了希腊财政漏洞后，投资者（包括一些全球最大的对冲基金）仍然相信个人投资者能够毫发无损。然而，这个错误最终使他们付出了沉重的代价，因为他们被迫在 2011 年接受的条款，其规定实际上相当于将债券面值削减了 53.5%。[4]

第二点需要注意的是，即使你对最终结果的判断是正确的，市场完全消化这些信息可能需要时间。

例如，在二战期间，直到 1942 年 4 月，也就是欧洲战事爆发后 31 个月、珍珠港事件发生后 4 个月，美国股市才到达谷底。[5]

同样，在雷曼兄弟破产后，美国股市也历经 6 个月才到达最低点。

即使 2020 年与疫情有关的崩盘似乎来得更快，但从世界卫生组织（World Health Organization）宣布公共卫生紧急状态（2020 年 1 月底）到标普 500 指数和富时全股指数（FTSE All-Share）均触及底部，期间仍然有六周的时间间隔。[6]

总的来说，尽管灾难性事件可能会产生买入机会，但只凭你"感觉"到了市场已反应过度便盲目投资是很糟糕的做法。在事件早期阶段，远离炮火声，静待情况变得更加明朗，可能才是明智的选择。

政治因素对市场的影响真的那么大吗？

战争和灾难等大型事件显然会对市场产生剧烈影响，而一些较小型事件——例如政治事件的影响却很容易被高估，尤其是从整个大盘的角度考虑。

在怪诞喜剧片《浮生若梦》（*You Can't Take It With You*）中，有一个角色是一位曾经的华尔街律师，他感叹自己曾经花费了那么多时间担心："究竟是克利夫兰还是布莱恩会当选总统——这在当时似乎太重要了，但现在谁还在乎呢？"

在 2016 年美国大选期间，许多人（包括我自己）预测，假如唐纳德·特朗普（Donald Trump）当选，股市将会暴跌。在选举日到来之前，市场似乎也认同这个预测，只要特朗普的民调结果较好，大盘就下跌，而当希拉里·克林顿（Hillary Clinton）的民调结果反超时，大盘就回升。

然而，虽然特朗普的确在大选中获胜，并且与预期中一样极具分歧，但美国股市在接下来的三年多时间里继续上涨，直到 2020 年 3 月。[7]

再比如说，在特朗普当选后的几天内，墨西哥市场下跌了近三分之一，因为人们担心特朗普会废除北美自由贸易协定，结果后来墨西哥市场的表现格外好。[8]

那么为什么人们会出这么大错呢？在涉及政治的时候，有三个重大的错误是人们可能会犯的。

首先，人们很容易相信政治家们承诺（或威胁）的一切。即使是最诚实的政治家也往往会夸大其词，而更加愤世嫉俗的政治家则会故意承诺一些他们根本没有意愿兑现的事情。因此，关键在于，对于他们的承诺，你要"认真，而非当真"。

其次，即使政治家打心底里坚信某些政策，他们可能也无法实施这些政策。这可能是因为将这些想法转化为法律十分困难（对于权力分散在政府各个部门之间的国家，如美国，这是一个大问题）。也可能是因为这些政策在推行过程中走不通，或者被不断变化的情况所取代。据报道正如前首相哈罗德·威尔逊（Harold Wilson）曾说过："在政治领域，一周的时间很长"。[9]

举个例子，20世纪80年代，法国总统弗朗索瓦·密特朗（François Mitterand）就在推行公共工程和国有化计划后，出于大规模资本外逃和法国法郎崩溃的压力，被迫放弃了这些计划。[10]

最后，你个人关于某项政策对整个国家而言是否有利的看法，不应该左右你对该政策会如何影响市场的判断，这是很重要的。例如，不管怎么说，2008—2009年期间金融部门的纾困措施处理得并不好。然而，对于持有银行股票的人来说，这无疑是个好消息，因为这样他们才不会失去一切。同样，特朗普的减税政策可能既增加了赤字又加剧了不平等，但至少从短期来看，它推动了市场增长。

总之，虽然你绝对应该要关注世界上正在发生的事情，但在投资时，对于政治言论你需要持保留态度，对任何行动的时效性要有实际的认识，并努力将自己的政治信仰（和情绪）与投资过程分开（虽然如果你对政治十分感兴趣，这个要求确实比较难做到）。

我会投资那些能从政治趋势中受益的公司以及从估值或增长角度看起来不错的公司，但我不会投资具体的政治家。例如，时值 2019 年年初，没人知道接下来一年英国政坛会发生什么，但那时房屋建筑公司不仅股价非常低，而且人们对于需要建造更多的住房有一种普遍的认识。因此，我在我的交易专栏中推荐了房产开发商贝尔韦公司（Bellway），其股价自 2019 年大选之后从 28 英镑上涨到 40 英镑。[11]

税收会导致投资死亡吗？

虽然人们很容易夸大政治事件对投资的影响，但其实税收的作用更难以被忽视。

在电影《第三人》（*The Third Man*）中，由奥逊·威尔斯

（Orson Welles）饰演的哈里·莱姆（Harry Lime）试图通过假装要给他的朋友 20 000 英镑来为自己的敲诈行为脱罪，以换取一线生机。话一出口他立刻补充道："不用交所得税……这是如今唯一可以省钱的方法了。"

虽然与《第三人》拍摄时的 1949 年相比，现在的税收可能要低得多，毕竟当时英国的最高边际所得税率（包括附加税）达到了 97.5%，但税收仍然会以两种主要方式对你的投资组合造成不小的影响。[12]

首先，税收直接降低了你从投资中获得的收益。你不仅要为出售资产获得的资本收益缴税，还必须为任何从股息和利息支付中获得的收入缴税。购买股票时，你还需要支付一次性的印花税，税率为 0.5%。[13]

其次，税收也会减少你持有的股票背后的公司的利润，从而减少它们可以向股东支付股息或重新投资于公司的资金。税收变化带来的长期影响可以通过以下事实得到证明：据瑞士百达财富管理公司（Pictet Asset Management）估算，自 20 世纪 80 年代以来，由于美国公司实际缴纳税率的下降，美国上市公司的利润平均增加了三分之一。[14]

避免上面讨论的第二种影响方式很难，除非你有办法避免投资那些未来可能面临巨额税款的公司，但你可以做以下几件事，以减少税收对你投资组合的直接影响。

首先，利用政府推行的旨在通过减轻税收负担来鼓励储蓄的既定方案。

其中最主要的方案是个人储蓄账户（individual savings accounts，简称 ISA），它允许你以股票和现金的形式向一个免收资本收益和个人所得税的账户进行每年不超过 20 000 英镑的投资。[15] 养老基金的资本收益也免税，而且有些捐款可以抵消所得税（尽管最终缴纳的总金额若超过一定数量将会被征收相当高的税额）。[16]

其次，你还可以投资符合税收优惠政策的资产。例如，ETF、OEIC 和单位信托基金均免除了你在普通股票和投资型信托上必须支付的印花税。[17] 许多在英国另类投资市场（Alternative Investment Market，简称 AIM）① 上的股票也免除了遗产税（尽管并非所有在 AIM 上市的公司都符合资格，而且你必须持有这些股票超过一定的时长）。[18]

减少税收负担的另一种方法是改变你的投资风格。股息税往往比资本收益税高，因此成长投资和价值投资比购买具有较高股息的股票更省税。另外，相对于不断买卖股票，长期持有股票将使你的印花税账单较低。

然而，重要的是不要陷入这样的陷阱：过度关注某项资产或投资计划的税收优惠，而忽视了它是否是一项好的投资。毕竟，为了避免为利润缴税却最终遭受巨大亏损是没有意义的。

暂且不论道德因素和良好的公民意识，诈骗犯最喜欢将避税作为吸引你投资的关键卖点。而且，全球各地的税务机构也都在

---

① 是伦敦交易所为满足小型、新兴和成长型企业进入公开资本市场的需要而建立的一个二板市场。——译者注

更有效地打击那些利用税务漏洞的行为。

事实上，最近涉及以避税为目的购买电影版权的丑闻，使许多足球运动员不仅面临巨大的损失，还面临税务机构偿还税款的要求。[19]

总体来说，采取合理的措施来最小化税务支出是没有问题的，但重要的是要记住美国大法官奥利弗·温德尔·霍姆斯（Oliver Wendell Holmes）的话，税收是"我们为了一个文明社会所付出的代价"。[20]

"关键是经济" 说得对吗？

美国前总统比尔·克林顿（Bill Clinton）以著名的口号"笨蛋，关键是经济"而闻名。而如果你打开任何报纸或杂志的商业版面，你会听到很多关于最新经济发展的讨论。[21]

这个现象可以很容易被理解，因为一个增长中的经济理应使人们变得更富有。相应地，这将导致人们购买更多的商品和服务。进而将增加企业的收入，从而带来更高的利润。而这些更高的利润可以用于偿还债务，为未来的增长进行再投资，或者用于支付股息或回购股份，从而提高股价。

但同时需要记住的是，经济并不以恒定的速度增长，而是波动的。尽管其中一些波动是随机的，但人们观察到经济在经历一段强劲增长时，往往会接连进入衰退期。经济学家们并没有就这种情况的具体原因达成一致，但普遍认为这种从"繁荣"到"衰退"循环往复的变化，即"经济周期"或"商业周期"确实存在。

有些投资者尝试依据经济周期或者说是经济周期的变化来调整他们的投资，以期利用这一现象。也就是说，如果他们认为经济即将进入衰退，他们便会购买那些在任何经济衰退中都不会受到太大影响的防御型公司股票。相反，当经济开始复苏时，他们便会卖出防御型公司的股票，购买那些在经济反弹中有望获益的公司股票。

有一些投资者更进一步，他们会在经济衰退前夕完全退出股市，购买更安全的资产（如高质量债券和现金），而在经济状况开始改善时再回到股市中［这种策略有时被称为"资产配置（asset allocation）"］。在亚瑟·米勒（Arthur Miller）的话剧《美国时钟》（*The American Clock*）中，虚构的金融家亚瑟·A. 罗伯逊（Arthur A Robertson）注意到，尽管市场很繁荣，但他名下的一家厨具公司却连续几个月没有任何订单，而其他商人朋友也说自己的仓库里堆满了滞销商品。亚瑟担心经济大萧条即将到来，因此抛售了自己的股票，而那正好是在华尔街崩盘前。

在现实中，有一个以发现经济趋势并抢先行动而名声在外的投资者，他就是对冲基金经理瑞·达利欧（Ray Dalio）。

在 2008—2009 年那场股灾之前的一年中，达利欧对个人和公司债务的高水平感到担忧。这导致他开始大量地将自己主要基金的资产从股票转移到债券，他的这一行动基于这样的假设：政府将不得不印发更多的钞票，推动利率下降，债券价格上升。这意味着即使 2008 年标准普尔 500 指数下跌了一半，达利欧仍然能够为他的投资者赚钱。

或许达利欧能够运用他对经济学的知识，在市场上取得超过25 年的优胜战绩，但在你考虑效仿他之前，一定要意识到，很少有人能够持续准确地进行短期经济预测。

例如，虽然有少数人预测到了 2008 年的全球金融危机，但大多数专业经济学家甚至直到 2008 年 8 月都还相信，任何经济放缓都将是温和且短暂的。[22] 同样，他们也低估了从 2010 年开始的经济复苏的力度。正如经济学家 J. K. 加尔布雷思（J. K. Galbraith）曾打趣说的那样，"经济预测唯一的作用就是让占星术看起来很厉害"。[23]

另一个需要注意的大问题是，不断调整持股和投资以应对经济下滑的策略，将不可避免地增加因为长时间离开市场而使回报降低的风险。鉴于股票在中期内的表现持续优于风险较小的投资，即使你对经济的预判更多时候是正确的，最终回报可能还是会降低。

通货膨胀是如何侵蚀投资组合价值的？

经济增长并不是会对你投资组合产生影响的唯一经济变量。

在电视迷你剧《毒枭》（Narcos）中，贩毒头目巴勃罗·埃斯科巴（Pablo Escobar）回到他的家族牧场，想要挖出之前为了应急而埋在地下的一大笔钱，结果发现大部分钱已经腐烂。通货膨胀也会产生类似的影响，它降低了一笔特定数量现金的购买力。

出现通货膨胀主要有两个原因。第一个原因是经济体中的需求量超过了其生产商品和服务的能力。在短期内，这种额外的需求会鼓励人们购买更多商品，促进了经济增长。然而，经济最终会过热，物价会上涨、人们会感受到贫穷，进而导致人们削减消费，降低了实际收入。这也是为什么通货膨胀最高的时候往往是经济周期的顶峰。

另一种类型的通货膨胀被称为成本推动型通货膨胀（cost-push inflation），它是由供给冲击（supply shocks）引起的。这指一些事件的发生导致经济无法继续生产商品和服务。20 世纪 70 年代，最大的石油生产国决定减少产量，这导致石油价格飙升。石油供给的减少推高了价格，这迫使世界各地的公司改变了自己生产的商品类型和生产方式。由于产出下降的同时通货膨胀上升，这一时期也被称为滞胀（stagflation）时期（停滞与通货膨胀相结合）。[24]

随着时间的推移，通货膨胀会大幅侵蚀固定数量现金的价值。一个于 1945 年将 1 000 英镑藏在床垫下并放着不动的人，其购买力到了 2020 年将下降 43 倍以上。[25]

　　相比之下，大宗商品和黄金都受益于通货膨胀。毕竟，如果你想从价格上涨中获益，购买价格上涨的商品和原材料是有道理的。

　　如果说，通货膨胀对大宗商品和黄金有利、对现金和债券不利，那么对于股票而言则是介于两者之间。

　　通货膨胀会推高公司拥有的任何实物资产的价值。价格上涨也会降低其债务的实际价值。当然，如果适度的通货膨胀能够伴随着强劲的经济增长，那它还是很受欢迎的。

　　有时候，当通货膨胀过低时，股市可能会感到担忧。这是因为价格下跌［即通缩（deflation）］可能是经济需求疲软的迹象，暗示着经济即将陷入衰退。

　　不过，如果通货膨胀显示出经济过热的迹象，那么股票可能会受到负面影响，因为通货膨胀的激增通常会紧随衰退。在经济周期的最后阶段，工资和原材料价格也都开始上涨，不断侵蚀利润率，以追赶需求的增长。[26]

　　毫无疑问，20 世纪 70 年代的经济滞涨期对股票市场造成了灾难性的影响。总的来说，通货膨胀的负面影响大多会超过积极影响。埃尔罗伊·迪姆森（Elroy Dimson）、保罗·马什（Paul Marsh）和迈克·斯托顿（Mike Staunton）对 19 个国家在较长一段时间内的实际股票回报与通货膨胀进行了比较研究，发现通货膨胀与股票回报存在负相关关系。[27]

　　对于市场来说，最理想的情况是低通货膨胀和高增长，就像 20 世纪 90 年代那样，因此毫不出奇，股票在这个时期的表现非常好。然而，如果这种情况不现实，最好的情况就是通货膨胀既不过高也不过低，每年通常在 2%~4%。

该不该"和央行对着干"？

政治家可能来了又去，但在经济中扮演着重要角色的其实是各个主要中央银行：美联储、英格兰银行和欧洲央行等。

尽管它们各自的目标略有不同，但它们都致力于确保经济以稳定的速度增长，同时控制通货膨胀。它们还必须确保银行体系和信贷市场持续有效地运行，以便公司在需要时能够获得短期贷款，人们可以放心地将自己的钱存入银行而不用担心银行会倒闭。

直到最近，各大央行的主要工具依然是控制短期政府债务的利率。较高的利率会通过增加贷款成本和增加储蓄的吸引力来减缓经济增长；降息则会产生相反的效果，使企业和个人更容易获得贷款。

利率也会对股票价格产生影响。较高的利率对股票不利，因为它提高了债券和储蓄账户的相对吸引力；较低的利率则会鼓励人们将资金从储蓄账户转移到股票市场。

如果这些还不够，各大央行近年来也在金融市场中进行了越来越多的直接干预。

在 2007—2009 年的金融危机高峰期，世界各国的央行都开始购买金融资产，试图向经济体中注入资金。

例如，仅在 2008 年的 9 月和 10 月，美联储就购买了价值 1.3 万亿美元的资产，包括抵押证券和银行债务，其总资产持有量从 2008 年 8 月的 9 000 亿美元增加到 2015 年年初的 4.5 万亿美元。这种政策干预非常具有争议性，但至少现在大多数人都认可这些政策在经济复苏中发挥了重要作用，使得美国股市在 2009 年 3 月至 2010 年 6 月期间上涨了超过 40%。[28]

在 2020 年，各中央银行在应对疫情时采取了更多措施，包括购买企业债券和直接向政府提供贷款。类似措施导致美联储的资产负债表规模达到了 7 万亿美元，但它们在最近的美股价格反弹中发挥了重要作用，自 3 月中旬市场低点以来，美股上涨了 35%。[29]

总体而言，在做决策之前，多多关注央行的行动是一个好主意。比如，如果它们正在计划大力刺激市场，那么现在可能并不是把资金从股票中撤出的好时机。

然而，关注央行的行动并不意味着它们的行为是你唯一应该考虑的因素，也不意味着价值等其他指标不重要。

毕竟，中央银行的官员们并没有无限的权力——假设他们可以永远地阻止市场下跌是非常危险的想法。

20 世纪 90 年代，艾伦·格林斯潘（Alan Greenspan，他在 1987—2006 年担任美联储主席）因其宽松的货币政策带动股价飙升而备受推崇。事实上，有政客开玩笑说，即使他去世了，我们也可以假装他还活着，让他继续任职〔就像喜剧电影《老板度假去》(*Weekend at Bernie's*) 中演的那样]。[30]

　　然而，在 2001—2002 年的互联网泡沫破裂、股市遭受熊市打击致使投资者的投资组合遭受重大损失之后，人们便不觉得好笑了。而且，现在人们普遍认为，格林斯潘的宽松货币政策在造成引发了全球金融危机的房地产泡沫方面起到了重大作用。[31]

　　同样重要的是要知道，中央银行官员既可以帮助推动市场，同样也可以让市场下跌。

　　例如，在 20 世纪 70 年代末和 80 年代初，全球通胀上升迫使各中央银行采取紧缩措施，致使美国主要利率提高到了 1981 年年中的 20% 的峰值。这不仅导致失业率飙升至 10% 的高点，还导致股市在 1980 年 11 月至 1982 年 8 月期间陷入残酷的熊市，股价曾一度下跌超过四分之一。[32]

投资海外股票是个好主意吗？

　　自疫情出现以来的近 18 个月里，英国股市表现远不如其他市场。

　　许多投资者存在所谓的 "母国偏见（home country bias）"。这意味着，若以投资者本国市场在全球市场中的重要性为标准，他们购买的本国上市的股票数量远远超过了你的预期。用音乐剧

《雪城双兄弟》（*The Boys from Syracuse*）的歌词来说就是，"留着你的雅典，留着你的罗马，我是个小镇来的人，我渴望回家"。

如你所能预料到的，在 2019 年的一项研究中显示，美国投资者在地方观念方面是最倾向于国内投资的，他们投资组合中的 79.1% 投资于国内，尽管美国市场仅占全球股票市值的一半。澳大利亚人更糟糕，他们的投资组合有三分之二投资于本国市场，尽管澳大利亚的股票仅占全球市场的 2.5%。

虽然英国投资者看起来更像是"世界公民"，但其国内投资的比例为 26.3%，仍高于英国市场的相对规模所应占的 7.2%。[33] 当然，这并未考虑到许多富时指数公司实际上是全球公司的事实，如英国上市公司汇丰银行就有 85% 的利润来自英国以外的地区。不过，多考虑海外的投资机会还是有一些充分的理由的。

首先，将股票的投资组合分散在多家不同公司的股票中，可以在不影响回报的情况下降低风险，同理，购买国外股票可以帮助降低国家特定风险的影响。

其次，无论英国在未来几年内从新冠疫情中复苏的情况如何，印度和中国等国家在未来 5~10 年中的增长率都有可能会更高，因为它们将受益于大量的赶超式增长。

最后，海外投资为你提供了更广泛的选择范围，使你能够投资于制造业或生物技术等在英国相对较弱的行业。

遗憾的是，海外投资并没有那么简单直接。比如许多国家对外国人持有股票的份额设定了限制，要么是直接的限制，要么是通过禁止外国投资者将利润汇出当地的规定来限制。此外，在有些市场你需要找到愿意为你买卖股票的专业经纪人，而且他们可能会收取较高的费用。

好消息是，一些海外公司（在英国）拥有所谓的全球存托凭证（global depositary receipts），即一家银行代为持有该公司的股票并发行所有权证书，该证书随后可在另一个交易所上市。一些大型企业还会进行双重上市，比如矿业公司必和必拓就同时在澳大利亚和伦敦证券交易所上市。

与其投资个股，你可以将资金投入与特定国家挂钩的基金或投资信托基金。不过，在这种情况下，你实际上是在押注基金经理的投资技巧。如果你只是想押注特定国家，那么购买跟踪特定国家指数的 ETF 可能更好。不过此时你需要确认该指数确实是你想要的，因为某些标榜跟踪特定国家的 ETF 可能会偏向某个特定市场。

此外，随着世界各国经济的更加紧密融合和公司的全球化，国际化分散投资的好处有所下降。在 2008—2009 年的危机中，几乎所有的股票市场都一起崩盘，尽管它们复苏的速度有所不同。

虽然新兴市场的经济增长可能很快，但这并不意味着股东们总是会从中受益。事实上，外国公司（尤其是在新兴市场）可以以相对较低的公司治理标准、会计诚信和透明度运营。

也许，在进行海外投资时最重要的是，不要因为一个国家的经济前景而忽略了估值等指标。在我还是个小孩的时候，一位美国老师告诉我，有一天我们都必须学日语，因为日本是未来的超级经济大国。当然，在 1991 年 3 月至 1992 年 7 月期间，日本股市暴跌了 43%。即便到了 2019 年，在日本股市达到峰值的 30 年后，其股价仍然比峰值时低了约 40%。[34]

重点知识

65. 战争、金融危机或自然灾害引发的市场崩盘可能会提供以低廉价格购买股票的机会。但你需要确保你买入的股票确实是物美价廉的。

66. 虽然政治变革可能对个别股票甚至整个行业产生影响，但投资者往往高估了它们对整个大盘的影响。

67. 税收方面的变动从两个方面影响你的投资组合，其一是通过增加（或减少）你所投资公司的税后利润，其二是通过确定你需要缴纳的投资收益税款。因此，你应该采取一切合理措施来尽量减少税款，但要远离任何激进的逃税或避税计划。

68. 经济周期的变化短期内对股市有巨大影响。然而，预测经济未来走势非常困难。

69. 随着时间的推移，通货膨胀会侵蚀现金的价值；这是鼓励你积极投资而不是让资金闲置的另一个不错的理由。

70. 中央银行通过调整利率、印钞甚至直接买卖资产来影响股价。然而，认为它们能够完全消除市场风险，是一个错误的想法。

71. 做空是一种可以对冲市场下跌的方式，但也是一种风险极高的策略，因为你的损失理论上是无限的。

注释

1. J Mackintosh. Buying when blood is in the streets, *Financial Times*, 24 February 2011, www.ft.com/content/6f217ed6–3fa8–11e0–a1ba–00144feabdc0 (archived at https://perma.cc/R7RG–ERQR)

2. N Ferguson (1999) *The House of Rothschild: Money's prophets* 1798–1848, Penguin, London

3. J Train (2003) *Money Masters of Our Time*, Harper Business, New York

4. J Treanor. How voluntary was the haircut agreed by holders of Greek bonds? *The Guardian*, 27 October 2011, www.theguardian.com/business/blog/2011/oct/27/voluntary–haircut–greek–bondholders (archived at https://perma.cc/DN8S–4RYR)

5. B Biggs (2009) *Wealth, War and Wisdom*, Wiley, New York

6. L Frazier. The coronavirus crash of 2020, and the investing lesson it taught us, Forbes, 11 February 2021, www.forbes.com/sites/lizfrazierpeck/2021/02/11/the–coronavirus–crash–of–2020–and–theinvesting–lesson–it–taught-us/?sh=29875f1a46cf (archived at https://perma.cc/EB76–CYLF)

7. N Randewich and S I Ahmed. Trump's stock market: A wild four years, Reuters, 29 October 2020, www.reuters.com/article/us–usaelection–markets-stocks–graphic–idUSKBN27E1IC (archived at https://perma.cc/BDB5–PZT8)

8. J Authers. Trump was great for Mexicans, terrible for coal, Bloomberg, 28 October 2020, www.bloomberg.com/opinion/articles/2020–10–28/trump-was–great–for–mexicans–terrible–for–coalstocks (archived at https://perma.cc/8HES–8DQ5)

9. *The Spectator*. A long time in politics, 2007, www.spectator.co.uk/article/a–long–time–in–politics (archived at https://perma.cc/S2CUY7EH)

10. J Sachs, C Wyplosz, W Buiter, G Fels and G de Menil. The economic consequences of President Mitterrand, *Economic Policy*, April 1986, 1 (2), 261–322

11. M Partridge. Take a punt on housebuilder Bellway's solid foundations, *MoneyWeek*, 6 October 2020, tinyurl.com/vpw2hbkv (archived at https://perma.cc/85HS–9SSD)

12. A B Atkinson. Top incomes in the United Kingdom over the twentieth century, *Oxford Discussion Papers in Economic and Social History*, January 2002, 43

13. Inland Revenue. Tax when you buy shares, www.gov.uk/tax–buyshares (archived at https://perma.cc/8LKG–RJJA)

14. M Partridge. The backlash against tax avoidance is bad news for US stocks, *MoneyWeek*, 21 July 2014, moneyweek.com/330544/backlash–against–tax–avoidance–bad–for–us–stocks (archived at https://perma.cc/3NZN–3RDE)

15. Inland Revenue. Individual Savings Accounts (ISAs), www.gov.uk/individual–savings–accounts/how–isas–work (archived at https://perma.cc/AK37–VATU)

16. MoneyHelper. What tax do you pay on your pension?, tinyurl.com/wezs4zcb (archived at https://perma.cc/PE2Q–JUWV)

17. Inland Revenue. Tax when you buy shares, www.gov.uk/tax–buyshares (archived at https://perma.cc/8LKG–RJJA)

18. M Partridge. Aim shares: make your ISA less taxing, *MoneyWeek*, 15 March 2019, moneyweek.com/503312/aim–shares–make–your–isaless–taxing (archived at https://perma.cc/7F6V–VYQ4)

19. D Lobo. Wayne Rooney faces £6m tax bill as film scheme busts, Wealth Manager, 20 September 2018, citywire.co.uk/wealth–manager/news/wayne–rooney–faces–6m–tax–bill–as–film–scheme–busts/a1157017 (archived at https://perma.cc/3RPB–5N6H)

20. Internal Revenue Service. Tax Quotes, www.irs.gov/newsroom/tax–quotes (archived at https://perma.cc/79B3–9FJ3)

21. D Masciotra. Anyone who says, "It's the economy, stupid" is being stupid, Salon, 9 November 2019, www.salon.com/2019/11/09/anyone–who–says–its–the–economy–stupid–is–being–stupid/ (archived at https://perma.cc/2K8Y–QA94)

22. P Krugman. Why did economists get it so wrong?, *New York Times Magazine*, 2 September 2009, www.nytimes.com/2009/09/06/magazine/06Economic–t.html (archived at https://perma.cc/6D87–FF2S)

23. *The Economist*. A mean feat, 9 January 2016, www.economist.com/finance-and-economics/2016/01/09/a-mean-feat (archived at https://perma.cc/T9MU-JCA2)

24. *The Guardian*. Stagflation, 14 February 2011, www.theguardian.com/business/2007/apr/12/businessglossary126 (archived at https://perma.cc/WV36-5598)

25. MeasuringWorth. Five ways to compute the relative value of a UK pound amount, 1270 to present, www.measuringworth.com/calculators/ukcompare/result.php?year_source=1945&amount=100&year_result=2020 (archived at https://perma.cc/LR27-WNPJ)

26. Federal Reserve Bank of St Louis. What are some of the factors that contribute to a rise in inflation?, October 2002, www.frbsf.org/education/publications/doctor-econ/2002/october/inflation-factorsrise/ (archived at https://perma.cc/JHV6-XKZT)

27. E Dimson, P Marsh and M Staunton (2021) *Credit Suisse Global Investment Returns Yearbook* 2021, Credit Suisse, London

28. Federal Reserve History. The great recession and its aftermath, Federal Reserve System, www.federalreservehistory.org/essays/great-recession-and-its-aftermath (archived at https://perma.cc/3JLDA3P7)

29. F M Martin. The impact of the Fed's response to Covid-19 so far, Federal Reserve Bank of St Louis, 16 June 2020, www.stlouisfed.org/on-the-economy/2020/june/impact-feds-response-covid19 (archived at https://perma.cc/T7QB-FXUY)

30. Bloomberg. The lasting legacy of Alan Greenspan, 15 November 2001, www.bloomberg.com/news/articles/2001-11-15/the-lastinglegacy-of-alan-greenspan (archived at https://perma.cc/QZ7K-MUK8)

31. J Madrick. How Alan Greenspan helped wreck the economy, *Rolling Stone*, 16 June 2011, www.rollingstone.com/politics/politics-news/how-alan-greenspan-helped-wreck-the-economy-231162/ (archived at https://perma.cc/75KC-92EP)

32. *New York Times*. Paul A Volcker, Fed chairman who waged war on inflation, is dead at 92, 9 December 2019, www.nytimes.com/2019/12/09/business/paul-a-volcker-dead.html (archived at https://perma.cc/6B3L-V379)

33. Rational Reminder. For investors, a little home-country bias goes a long way, 6 December 2019, rationalreminder.ca/blog/2019/12/5/for-investors-a-little-home-country-bias-goes-a-long-way (archived at https://perma.cc/WRH5-R6MA)

34. M Tamura. 30 years since Japan's stock market peaked, climb back continues, Nikkei Asia Datawatch, 29 December 2019, asia.nikkei.com/Spotlight/Datawatch/30-years-since-Japan-s-stock-marketpeaked-climb-back-continues (archived at https://perma.cc/FNW4-29TC)

第十一章

其他金融资产

仅通过投资股票和债券（甚至是指数基金和一些债券）来构建投资组合是有可能的。不过，市面上也有各类被吹捧为投资的其他资产。其中一些，比如黄金和房地产，也有可能是值得投资的。然而，另外一些资产可能就无法提供良好的回报，且在你没搞清楚所以然的情况下，甚至可能会带来风险。不管怎样，这些其他类资产都应该被视为额外的投资，而不是你核心投资组合的一部分。

什么是金融点差交易？

美国幽默作家安布罗斯·比尔斯（Ambrose Bierce）在他 1911 年的讽刺作品《魔鬼辞典》（*The Devil's Dictionary*）中曾写道："被称为商业的赌博（这里指的是股票市场）"对被称为赌博的商业表示严厉地不赞同。

尽管如此，这并没有阻止投注公司将注意力从赛马和足球转向金融市场，通过金融点差交易（financial spread betting）进行操作。

点差交易是一种在不购买实际资产（股票、货币或商品）的情况下，对其价格变动进行投注的方式（因此你并不是真的拥有股份）。

它的基本规则是，点差交易公司会给出一个股票的报价，然后你可以决定是做多（押注上涨）还是做空（押注下跌），以及确定押注金额。

之后，用你买入或卖出的价格与随后的大盘价格之间的差价，乘以押注金额来确定你的盈利（或亏损）。

举个例子，一只股票的交易价格为 100p，点差交易公司可能给出的报价是 95~105。如果你选择以每涨 1p 押注 10 英镑的金额做多，随后你选择在价格涨到150p时平仓，那么你将赢得450英镑（45×10）。

点差交易看起来可能是一种进入金融市场的简单方式，因为它没有手续费、没有印花税、并且任何盈利都是免税的。点差交易同时也是一种便捷的做空股票、参与商品和货币市场交易的方式。

然而，它存在许多不足之处。

最明显的是，虽然没有手续费，但买入价和卖出价之间会有一个差距。这意味着一旦你进入交易（无论是买入还是卖出），你就已经开始损失资金了。

更重要的是，虽然只要头寸朝着你希望的方向发展，你就可以赚钱；但如果朝着相反的方向发展，你就会亏钱。以前面的例子来说，如果你以每涨1p押注10英镑的价格购买一只股票，买入价为105p，待它跌至50p，你将会损失550英镑。

为了防止客户的亏损超过其能够偿还的金额，点差交易公司会要求你先支付一笔保证金，其金额等于你潜在亏损的某个比例。过去这笔保证金相对较少，但在出现了外汇市场突然波动导致客户损失巨额资金的几个案例后，监管机构采取了更严格的措施，大幅增加了保证金比例，其中股票交易的保证金比例约为20%。因此，如果你想对一只股价为100p的股票按每股10英镑进行押注，你的最低保证金金额将为2 000英镑（20p×10英镑）。[1]

总的来说，点差交易适用于对短期交易感兴趣的人，而不适

合长期投资。因此，大约 80% 的投注者会亏损，这并不令人意外。[2] 而且少数人可能会存在对其中的赌博成分上瘾的风险。

并不是说点差交易对所有人都完全没有价值。但是，只有那些有足够的时间跟踪交易，并且在更长期的投资中有足够的资金可以承担点差交易损失的人，才值得尝试。**换句话说，不要为了点差交易放弃你的日常工作，更不要指望它能替代适当的储蓄和投资计划。**

如果你真的下定决心要进行点差交易，那么有一些事情你应该注意。

首先，你应该选择信誉良好的服务提供商，特别是因为这个领域吸引了许多骗子和诈骗犯。始终选择受金融市场行为监管局监管的公司，并避免选择注册在可疑司法管辖区域（如塞浦路斯）的公司。

在开始之前，你应该制定详细的交易策略，包括：在哪个市场进行交易、你要做多还是做空，以及你将持有头寸的时间长度。

建议你货比三家，以找到最划算的交易。这包括，确保你选择的公司可以让你进入你想要交易的市场（进行交易），同时你要关注它们设定的点差（即买入价和卖出价之间的差异），较小的点差意味着较低的成本。还有一点值得检查，那就是它们要求你下注的最低金额，较小的最低金额将给你更大的灵活性。

与直接购买股票类似，点差交易在你拥有一定的资本时效果最好。理想情况下，你至少应该拥有你打算下注金额的 15 倍资本，以便有足够的资金来应对一轮坏运气。总的来说，如果你没有至少 3 000 英镑的资本，那么点差交易可能并不适合你。

许多点差交易公司允许你在某些市场以特别低的初始金额甚至是免费交易，你得好好利用这一点去习惯如何下注，并借此机会确认你对所选择的策略感到舒适。

也许最重要的实用建议是设置止损点。在点差交易中，每次价格的逆向变动都会直接影响你最终的收益。尽管监管机构已经限制了对杠杆的使用，但你的损失仍然有可能超过你在初始交易中的保证金，因此一定要设置止损点。

卖空是好的投资方式吗？

准确来说，卖空或做空是一种技术，而不是一种实际的资产。但由于它与一般的买入资产然后卖出以获利的概念非常不同，值得单独介绍一下。

简单来讲，卖空指的是对资产价格下跌进行押注。在英国，最简单的方法是通过点差交易或差价合约（一种与点差交易类似的产品）进行卖空。然而，在其他国家，散户投资者可以通过普通经纪人做空股票。在这种情况下，他们卖出自己并不拥有（或是从拥有该股票的第三方借入）的股票，以期在股票价格下跌时以低于卖出时的价格买回股票（或称"平仓"）。

举个例子，假如我以 150p 的价格卖空一家公司的股票，随后股票价格下跌到了 100p，此时我便可以将股票买回（即"平仓"），归还给原始持有人，并从中获得每股 50p 的收益。

当然，如果股票价格不跌反升（例如涨到了 200p），那么你将不会获利，反而会遭受损失。在此期间，你还必须负担股票本应支付的任何股息，并支付借入股票的费用。

卖空不适合胆小或缺乏经验的人，因为你的盈利至多也不会超过你所卖出股票的初始价值金额（因为股票的价值最低也就是降至零），但你的损失却可以是无限的。

这就是为什么设定止损点非常重要，它可以限制风险，还能避免在做空时遇到价格飙升的股票。在为《理财周刊》的交易专栏提出潜在的空头推荐时，我通常会建议待股票从当前价格继续下跌 10% 后再进行做空。

还有一点要注意，单独进行做空并不是一种长期策略，因为股票总体上会随着时间的推移而升值，这意味着即使是最好的卖空者也很难仅凭卖空赚钱。**总之，除非你非常有信心并且知道自己在做什么，否则最好不要尝试卖空。**

不过，即使卖空对你来说并不适合，了解卖空者的行动并避开那些被大量做空的股票也许是值得的。

这是因为，就像电影《大空头》（*The Big Short*）中的卖空者一样，专门从事这一领域的人往往比市场更了解实情——这也许是唯一值得随大流的时候。

西北大学的海曼格·德赛（Hemang Desai）、K.拉梅什（K. Ramesh）、拉穆·蒂亚加拉詹（Ramu Thiagarajan）和巴拉·V. 巴拉钱德兰（Bala V. Balachandran）于 2002 年进行的一项研究发现，在 1988—1994 年，在美国纳斯达克股票交易所被大量做空的公司，其表现相对大盘每月落后高达 1%（年均达 16.7%）。[3]

另外，保罗·阿斯奎思（Paul Asquith）、帕拉格·A. 帕塔克（Parag A. Pathak）和杰伊·R. 里特（Jay R. Ritter）在 2004 年进行的研究也发现，在 1976—2002 年，美国被大量做空的股票组合相对整体大盘而言，每月表现落后约 0.5%，年均落后 6%。[4]

外汇交易怎么样？

在 1983 年版本的电影《疤面煞星》（*Scarface*）的开头，由阿尔·帕西诺（Al Pacino）饰演的托尼·蒙塔纳（Tony Montana）声称自己是因为购买美元而被驱逐出古巴的。

然而，如今外汇（foreign currency）是全球交易量最大的金融资产，（据国际清算银行的数据）截至 2019 年年底，每日交易额达 6.5 万亿美元。[5] 这种规模的流动性意味着对于投资者来说，买入价和卖出价之间的点差非常小，例如美元兑英镑的点差约为 0.03%。

进行外汇交易（foreign currency exchange，也称为"forex"）有几种主要方式，例如通过金融点差交易、差价合约或买入和卖出固定数量的"手数"。

无论哪种方式，你的盈亏取决于两个因素。

第一个因素是你开启交易（开仓）和关闭交易（平仓）之间的价格变动。例如，如果你有 10 000 英镑，以每英镑 1.50 美元的价格购买美元，总共可以买入 15 000 美元；然后以每英镑 1.45 美元的价格卖出这些美元换成英镑，你将获得 10 345 英镑，盈利为 345 英镑。

第二个因素是买入和卖出所用的货币之间的利率差异，这与两国的官方存款利率密切相关。如果（在进行英镑/美元交易时）美国的利率高于英国的利率，你应该能获得净收入。当然，如果情况相反，你将需要支付利率差额。

理论上，尽管利率上升通常会导致对应货币升值，但其价值应该随后会下跌以弥补利率差异。

然而，一些投资者喜欢购买收益较高的货币，这是一种被称为"套息交易（carry trade）"的策略的一部分。迈阿密大学的金伯利·A. 伯格（Kimberly A Berg）和圣母大学的纳尔逊·C. 马克（Nelson C Mark）在 2017 年的一项研究中发现，以 1973—2014 年的数据来看，这种策略确实奏效。不过，高收益货币的投资组合波动性更大。[6] 这也是为什么经济学家杰里·弗兰克尔（Jerry Frankel）经常将套息交易形容为"在压路机前捡硬币"。[7]

另一种流行的外汇策略是采用"巨无霸指数（Big Mac index）"，

它将两个国家巨无霸汉堡的价格（或更广泛的价格数据）与两种货币之间的实际汇率进行比较，以判断货币是否被低估或高估。这个策略基于这样一个理论：在任何地方购买一个高度标准化的产品都应该具有相同的价格。

因此，如果在美国，一个巨无霸汉堡的价格是 3 美元，在英国是 2 英镑，那么这就意味着 1 英镑能兑换 1.50 美元。但是，如果在实际的外汇市场中，1 英镑只能买到 1.30 美元，那么英镑就被低估了。

像点差交易和卖空一样，外汇交易是一个高级领域，大多数普通投资者应该尽量远离。如果你仍然决定要投机外汇，那么应该注意不要使用过多的杠杆。正如我们在本书前面内容中指出的那样，外汇曾经与非常高的杠杆水平相关联。然而，虽然在互联网的一些阴暗角落里有人仍在提供 200 ∶ 1 甚至 500 ∶ 1 的杠杆率，但值得信赖的公司现在最多只提供 20 ∶ 1（在英国）和 50 ∶ 1（在美国）的杠杆率。

你是否应该投资大宗商品？

在约瑟夫·海勒（Joseph Heller）的《第二十二条军规》（*Catch 22*）中，战争投机商米洛·明德宾德（Milo Minderbinder）

通过经营各种黑市交易（包括向德国人拿钱来轰炸自己的空军基地）积累了一笔财富。然而，就连明德宾德最终也会亏损，当他试图买断埃及棉花市场时，却囤积了大量无法销售的棉花，最后只有通过说服美国政府出面救他才得以挽回局面。

同样，对于不谨慎的投资者来说，大宗商品投机可能会导致灾难。

大宗商品是构成全球经济的原材料和基本商品，包括"硬"大宗商品（如铁和铜等金属）、"软"大宗商品（主要是农产品，如玉米和大豆）以及能源（如石油和天然气）。

与更复杂的商品不同，大宗商品都足够相似，以至于可以通过全球交易所进行批量交易，而不用通过协商进行买卖。

大宗商品交易所为全球经济提供了几项有用的功能，包括让买家和卖家能够在大宗商品交付甚至生产之前就提前达成价格协议，从而降低他们的风险。某些特定商品类型的价格也可以作为整个大宗商品的全球基准（就像西德克萨斯中间基原油和布伦特原油是石油价格的主要基准一样）。

不过，大宗商品也可以被用于投资目的。

一种方法是通过点差交易或专门从事大宗商品交易的经纪机构来押注价格变动。

另一种方法是投资跟踪大宗商品价格的 ETF。

第三种间接的方式是投资开采、生产或加工大宗商品的公司（如矿产、石油或天然气公司）。虽然前两种方法更直接，但如果价格不利，你就几乎没有什么保护措施了。

投资公司股票至少可以带来股息和资本收益的回报。然而，大宗商品价格与利润之间的关联并不如你想象的那样明确。这是因为较高的大宗商品价格往往会导致较高的生产成本，因而工人和政府会同时要求分享利润。还要注意，资源公司需要将大部分利润重新投入生产以确保其储备不断得到补充。[8]

当然，投资大宗商品也有一些优点。它们不仅可以有效对冲通货膨胀，而且正因为它们的价格与整个股市不一定朝着相同的方向浮动，这意味着将投资组合的一部分配置到大宗商品可以利用多元化降低整体风险。

大宗商品价格曾经也出现过激增的时刻，例如石油价格在20世纪70年代当中增长了七倍，然后从20世纪90年代末开始上涨，到2008年冲上了历史高峰，增长达到了十倍以上。问题在于，所有这些牛市都伴随着价格回落，最突出的是在20世纪80年代初、2008—2009年和2020年。事实上，在新冠疫情的高峰期，全球石油供应过剩导致生产商曾一度不得不付钱给买家来接手石油，某些期货合约的价格甚至跌破了0美元。[9]

从长期来看，大宗商品几乎完全没有跟上通货膨胀的步伐，主要大宗商品的实际价格在2019年与1975年相比基本持平。[10]尽管随着时间的推移，世界变得更加富裕，刺激了需求，但农民生产力的提高以及新能源的发展也推动了供给增长。而在短期内，对大宗商品的需求至少在一部分程度上取决于经济状况，因此它们作为"避险资产"的地位也是值得质疑的。

总的来说，大宗商品交易更多的是用于投机而非长期投资的工具，尽管相对于外汇交易来说，它还更加明智一些。

你是否应该只爱黄金？

既是商品的一部分，又是货币的一部分，没有任何其他商品能像黄金一样激起人们如此浓厚的兴趣和争议。

对于黄金的捍卫者来说，它是为数不多的真实而有形的价值储存方式之一。正如拜伦勋爵（Lord Bryon）在他的史诗《唐璜》（Don Juan）中所说："黄金呀！我还是爱你而不喜欢纸币，那一叠银行纸币真像一团雾气。"而另一方面，有些人则像凯恩斯（Keynes）一样，将黄金视为一种"野蛮的遗迹"，认为它只能吸引那些无知或迷信到不相信现代货币的人，不比把钱塞进床垫或藏在床下好多少。[11]

投资黄金的理由大致可以概括为以下几点：世界上的黄金供应是有限的，而其中大部分黄金深埋在地下，因此开采成本很高。所以，尽管政府可以命令其央行印制更多的货币，但黄金的供应却是相对稳定的。因此，从逻辑上讲，黄金的价格应该与通货膨胀大致相符。

此外，由于黄金被普遍认为是一种理想的、不记名的且可以轻易被熔化的（资产），因而它也能提供保护，防范金融崩溃和被政府没收的威胁。

黄金作为对抗通货膨胀的合理对冲资产在历史上确实具有一定的价值。毕竟，在 1719 年，伦敦市场上一盎司黄金的价格为 4.31 英镑。300 年后的 2020 年，黄金价格已经上涨到相当于每盎司 983 英镑，涨幅高达 228 倍，与同期物价上涨的倍数 153 倍很接近。[12]

同样，正如我们之前提到的，埃尔罗伊·迪姆森、保罗·马什和迈克·斯汤顿在 2018 年的一项研究发现，在 1900—2017 年，黄金在通缩（价格下跌）期间表现出色，而且在高通胀期间的表现也优于其他资产。[13]

遗憾的是，黄金也存在几个主要缺点。

首先最明显的是，从长期来看，黄金的实际回报非常有限。虽然的确有人在 1971 年美国退出金本位制时以 44.60 美元的价格购买黄金，然后在接下来的 48 年里看到投资增长了 30 倍，但这仍然远低于他们将资金投入美国股市所能获得的收益。总体而言，在 1900—2017 年，黄金的回报率在考虑通胀因素之后只有不到 1%，远低于全球股票、葡萄酒、邮票、小提琴、全球债券、艺术品或铂金。[14]

其次，黄金也许是对抗通胀和通缩的一种不错的对冲工具，但其价格也可能极度波动。

1980 年 1 月，黄金价格曾一度飙升至 850 美元，但到了 1985 年前后，其价格便跌至 297 美元。类似地，从 1999 年 8 月的 254 美元开始，黄金价格在 12 年后飙升至 1 792 美元，但又在 2015 年 12 月下跌至 1 060 美元。[15]

最后，即便是黄金可免受"政府操控"的观点，在考虑到全球黄金中有近五分之一被央行持有的事实时，也变得不太令人信服，这一比例与私人投资者所持有的比例相似。[16]

虽然热衷于黄金的人声称其价格可能会进一步上涨的原因还有许多，包括黄金在印度等快速增长的经济体中很受欢迎，虽然实际上在这些国家，年轻人也开始转而寻求其他的价值储存方式。

总体而言，购买黄金可以帮助增加投资组合的多元化，并且如果你认为经济即将急剧恶化，那么此时持有黄金可能是一个不错的主意。然而，将超过 10% 的投资组合投入黄金将是个错误的决策，因为它可能会降低你的潜在长期回报。

你能够从艺术投资中赚到钱吗？

传奇好莱坞制片人罗伯特·伊万斯（Robert Evans）在自己的回忆录（后被改编为电影和戏剧）《光影流情》（The Kid Stays in the Picture）中曾抱怨到，自己一度答应了以 43.6 万美元购买一幅十分吸引他目光的莫奈（Monet）画作，但他在最后一刻取消了交易，并将这笔钱投资了股票，结果股票很快跌得一文不值。埃文斯声称，如果他坚持买下那幅画作，"不仅会让我的眼睛陶醉在我一生所爱的百合花中"，而且在后来的三十年里，他的投资将获得近百倍的回报。[17]

相反，瑞士商人乌里·希克（Uli Sigg）在 1995 年被任命为瑞士驻中国大使后采取了不同的做法。对官方活动感到厌倦后，他投身于当时相对冷门的中国当代艺术圈，以非常低廉的价格收藏起了一系列包含 1 200 件中国当代艺术作品的。到 2012 年他将自己的收藏捐赠给 M+ 画廊时，中国艺术已经变得非常流行，使得希克的捐赠价值高达 13 亿港元（当时约 1.7 亿美元）。[18]

近几十年来，价值不断上涨的不光是中国当代艺术和绘画巨匠的作品。从 2000 年年初至 2020 年年底，基于高端艺术品拍卖结果的艺术价格 100 指数（Artprice 100 Index）回报率远过股市，达到 405%，相当于每年 8.02% 的年回报率。[19]

从更长期来看，苏富比拍卖行（Sotheby）所使用的梅摩指数（Mei-Moses Index）估计，在 1950—2020 年艺术品的价格每年上涨了 8.4%。[20] 此外，该指数的创建者、纽约大学的梅建平（Jianping Mei）和迈克尔·摩西（Michael Moses）认为，虽然在 1875—2000 年，艺术品的回报率低于股票，但由于艺术品与股市的相关性较低，它们对实现投资组合的多元化有很大帮助。[21]

然而，投资艺术并不是没有风险的，由于一件作品突然失去市场青睐而导致价格暴跌是常有的事。事实上，尽管选择在雷曼兄弟申请破产的那一天开展拍卖，艺术家达米恩·赫斯特（Damian Hirst）还是通过在苏富比售出的 223 件艺术品赚得了

2.01 亿美元。然而到了 2018 年，其中许多作品的价值已经下跌了约 30%~40%。[22]

一些人还指出，由于艺术指数是基于官方拍卖价格的，它们忽略了那些未售出的作品（在主要拍卖行中约占拍品的 20%~30%），也忽略了那些因为变得不再流行而被认为压根儿不值得拍卖的作品。另外，艺术品的拍卖费用（通常为售价的 15%~20%，大部分由买方承担）、保险费用以及被盗和伪造的风险也会影响回报。[23]

像任何替代型资产（alternative asset）一样，艺术品在你的投资组合中不应超过 10%。要注意梅和摩西指出的问题，回报最高的艺术品往往都在市场的底部，而最昂贵的那些所产生的回报则可能为负。[24] 最重要的是，买你喜欢的东西，这样即使从投资角度来看它可能是失败的，但你至少可以从中获得一些乐趣。

你应该投资房地产吗？

在所有替代型资产中，房地产可能是最具有长期回报的，当然，前提是你要理智对待。大多数人在人生中的某个时刻都会拥有一套房子或公寓。不过，除了作为居所，房地产还可以是一项不错的投资。弗吉尼亚·伍尔芙（Virginia Woolf）也许把"一间自己的房间"作为女性独立的隐喻，但根据地产网站 Zoopla 的估计，她从小长大的地方海德公园门（Hyde Park Gate）的房屋均价为 439 万英镑（截至 2021 年 6 月）。[25]

除了从房地产价值的上涨中获利外，房屋还可以提供租金收入。在全球金融危机导致利率被削减至接近零之后，数十亿英镑流入了"买房出租"市场，因为那些银行账户里有大笔现金的人，将资金转投到了房屋出租。而那些没有现金的人则利用低利率的机会贷款购买投资型房产，用租金支付利息。在有些情况下，他们甚至利用房地产价值的上涨再次贷款，然后投入其他投资型房产中。

凭借发现房地产商业价值的敏锐眼光和对杠杆的积极运用，肯尼迪家族积累了财富。肯尼迪在 1945 年以 1 300 万美元购买的芝加哥商品市场大楼（Chicago Merchandise Mart）不仅在五十年间为其带来了数千万美元的租金收入，而且当肯尼迪家族信托最终在 53 年后以 5.75 亿美元的价格（再加上偿还抵押贷款的 5 000 万美元）将它售出时，还获得了巨额的资本收益。而且，当年肯尼迪做出的只投入 100 万美元现金而其余用借款解决的决定，将其投资的年回报率从 7.6% 提高到了 12.7%。[26]

当然，这种杠杆操作也伴随着风险。

在 2006—2010 年的房地产危机之前贷款买房的美国投资者痛苦地发现，自己要支付的房贷利率不断上升，而与此同时房产价值却持续暴跌，最终导致了数量创纪录的房屋断供、抵押品被查封。[27]

即便如此，至少他们不必对未偿还的抵押贷款负责，而英国的房主却不一样。在 20 世纪 80 年代末和 90 年代初，房价暴跌和高利率意味着许多人面临着"负资产"的困境，即他们的抵押贷款金额大于房屋的净资产。[28]

房地产投资者可能面临的问题不仅仅是房价下跌和利率上升，因为房地产交易可能是缓慢、复杂且成本昂贵的。作为房东，他们还必须应对问题租户，而房屋维修可能也会侵蚀收益（尽管这些费用可以用来抵税）。

随着可负担住房的短缺逐渐成为政治议程上的重要问题，资金紧张的政府，特别是英国政府，开始制定意在打击进行买房出租的房东和非常富有的房主的法律。这些措施包括对通过公司购买的房产征收更高的印花税，以及限制购房者以租金收入抵消应支付的贷款利息。这些法律已经对英国的买房出租市场产生了巨大的负面影响。[29]

而且，房地产的长期回报并没有你想象的那么高。据埃尔罗伊·迪姆森、保罗·马什和迈克·斯汤顿估计，在 1900 年至 2017 年年底这段时期，考虑通胀因素后，英国的房价每年仅增长 1.8%，而美国为 0.3%。[30]

此外，房价的大部分增长发生在英国伦敦以及美国纽约和洛杉矶等"超级城市"，而这些地区以外的房价实际上在过去一个世纪中均有所下降。虽然居家办公的趋势可能会使乡村地区更具吸引力，但这同时也可能会压低大城市黄金地段的房地产价格。[31]

虽然拥有房产向来都是一个好主意，但投资于专门的房地产投资信托可能比购买额外的投资型房产更好。这些投资信托上市公司会购买多元化的房地产投资组合（以降低风险）。虽然它们可以将利润再投资于购买更多的房产，但它们向股东支付的任何股息都免缴公司税，这意味着它们非常省税。

重点知识

72. 点差交易指的是对资产价格变动进行押注。实际上，这与借入资金购买或出售股票是一样的，所以要小心！

73. 卖空是指对股票或资产的价值下跌进行投注。不过，虽然如果你判断正确，价格下跌了，你可以赚钱；但如果价格上涨，你则可能会亏钱，而且理论上这个亏损是没有上限的。

74. 外汇交易是另一种你可以进行投机交易的资产，尽管想持续地靠它赚钱非常困难。

75. 大宗商品是指足够标准化以至可以在交易所进行交易的商品和原材料。尽管在历史上有几个时期，大宗商品价格曾迅速上涨，但在其他的时期，其价格也曾大幅下跌，并且其价格长期来看几乎不能战胜通胀。

76. 黄金既是商品又是货币。尽管它在对冲通胀和金融崩溃方面表现还不错，但它的价格也可能非常波动，并且长期回报非常低。

77. 尽管有一些证据显示，艺术品价格增长迅速，但你最好还是关注低价艺术品，并且购买你真正喜欢的作品。

78. 房地产在过去几十年表现得非常出色，特别是在伦敦和纽约等"超级城市"。然而，这并不代表这种情况能持续下去。无论如何，股票投资仍然是更好的长期收益来源。

注释

1. *Financial Times*. UK regulator makes CFD crackdown permanent, www.ft.com/
    content/2e436d10–9be9–11e9–9c06–a4640c9feebb (archived at https://
    perma.cc/S877–FHBM)

2. S Goodley. What is financial spread betting and why do most people lose at
    it?, *The Guardian*, 6 December 2016, www.theguardian.com/business/2016/
    dec/06/what–is–financial–spread–betting–why–do–mostpeople–lose–money
    (archived at https://perma.cc/7P92–CMCW)

3. H Desai, K Ramesh, S R Thiagarathan and B V Balachandran. An investigation
    of the informational role of short interest in the Nasdaq market, *Journal of
    Finance*, October 2002, 57 (5), 2263–87

4. P Asquith, P A Pathak and J Ritter. Short interest, institutional ownership, and
    stock returns, *Journal of Financial Economics*, November 2005, 78 (2), 243–76

5. V Sushko. Triennial Central Bank survey of foreign exchange and over–the–
    counter (OTC) derivatives markets in 2019, Bank for International Settlements,
    8 December 2019, www.bis.org/statistics/rpfx19.htm (archived at https://perma.
    cc/ABZ2–W8HB)

6. K A Berg and N Mark. Measures of global uncertainty and carrytrade excess
    returns, *Journal of International Money and Finance*, November 2018, 88,
    212–27

7. N Doff. History says emerging-market carry trade could end in tears,
    Bloomberg, 30 May 2017, www.bloomberg.com/news/articles/2017–05–30/
    history–says–emerging–market–carry–trade–can–only–endin–tears (archived
    at https://perma.cc/67B8–G8XU)

8. M Partridge. Shareholders in gold miners are revolting – it's time to buy,
    MoneyWeek, 9 May 2013, moneyweek.com/230499/money–morning–buy–
    gold–mining–stocks–63900 (archived at https://perma.cc/4X5N–777D)

9. M DeCambre. About 150 years of oil–price history: This one chart illustrates

crude's spectacular plunge below $0 a barrel, MarketWatch, 29 April 2020, www.marketwatch.com/story/about–150–years–of–oil–price–history–in–one–chart–illustrates–crudesspectacular–plunge–below–0–a–barrel–2020–04–22 (archived at https://perma.cc/P3KB–WC9W)

10. F Boal and J Widerhold. Rethinking Commodities: S&P Global Dow Jones Indices Working Paper, 2020

11. *Financial Times*. The case for retiring another barbarous relic, www.ft.com/content/159b17ca–47f3–11e5–b3b2–1672f710807b (archived at https://perma.cc/3CL9–V2Q3)

12. L H Officer and S H Williamson. The price of gold, 1257–present, MeasuringWorth, 2021, www.measuringworth.com/gold/ (archived at https://perma.cc/W5LU–Q6QW)

13. E Dimson, P Marsh and M Staunton (2018) *Credit Suisse Global Investment Returns Yearbook* 2018, Credit Suisse, London

14. E Dimson, P Marsh and M Staunton (2018) *Credit Suisse Global Investment Returns Yearbook* 2018, Credit Suisse, London

15. Gold Price. Gold price chart [accessed 6 June 2021], goldprice.org/ gold-price–chart.html (archived at https://perma.cc/7TTF–ZHRN)

16. World Gold Council. Central Bank Gold Agreements, tinyurl.com/ 4hvr8622 (archived at https://perma.cc/F2XU–M7QM)

17. R Evans (2004) *The Kid Stays in the Picture*, Faber, London

18. *Financial Times*. Cultural evolution, www.ft.com/content/da7b9594–bf78–11e1–a476–00144feabdc0 (archived at https://perma.cc/27P8–9C22)

19. Csion PR Newswire. The Artprice100″ index is continuing to grow...+405% since 2000, 2 March 2021, www.prnewswire.co.uk/newsreleases/artmarket–com–the–artprice100–c–index–is–continuing–togrow–405–since–2000–866754194.html (archived at https://perma.cc/H7KT–W3KU)

20. Sotheby's. The Sotheby's Mei Moses Indices, www.sothebys.com/en/the–sothebys–mei–moses–indices (archived at https://perma.cc/88FHFG3R)

21. J Mei and M Moses. Art as an investment and the underperformance of masterpieces, NYU Finance Working Paper No 01–012, February 2002

22. T Schneider. A decade after Damien Hirst's historic "Beautiful Inside My

Head Forever" auction, resale prices are looking ugly, Artnet, 12 September 2018, news.artnet.com/market/damien-hirst-beautifulresales-1346528 (archived at https://perma.cc/6REM-BPV9)

23. C Pinto. Art Price Indices: Op Ed, Center for Art Law, 16 November 2015, itsartlaw.org/2015/11/16/art-price-indices-op-ed/ (archived at https://perma.cc/D5A7-WMBN)

24. J Mei and M Moses. Art as an investment and the underperformance of masterpieces, NYU Finance Working Paper No 01-012, February 2002

25. Zoopla. House Prices in Hyde Park Gate London SW 7, www.zoopla.co.uk/house-prices/london/hyde-park-gate/ (archived at https://perma.cc/YZX2-JYWX)

26. M Pacelle, D Kirkpatrick and C Y Coleman. The Kennedy clan decides to cash in last big business, *Wall Street Journal*, 26 January 1998, www.wsj.com/articles/SB885768544663024500 (archived at https://perma.cc/ZP3B-DPLN)

27. W R Emmons. The end is in sight for the US foreclosure crisis, Federal Reserve Bank of St Louis, 2 December 2016, www.stlouisfed.org/on-the-economy/2016/december/end-sight-us-foreclosure-crisis (archived at https://perma.cc/U3MY-THYQ)

28. C Gentle, D Dorling and J Comford. Negative equity and British housing in the 1990s: Cause and effect, *Urban Studies*, 1 March 1994, 31 (2)

29. Landlord Zone. Tax policies shrink buy-to-let purchases by 250,000 over five years, 17 May 2021, www.landlordzone.co.uk/news/government-tax-policies-shrink-buy-to-let-property-purchases-by-250000-over-five-years/ (archived at https://perma.cc/X2MM-UG98)

30. E Dimson, P Marsh and M Staunton (2018) *Credit Suisse Global Investment Returns Yearbook* 2018, Credit Suisse, London

31. M Toua. London houses prices to "decrease" in 2021 as home office workers flee city – expert, *Daily Express*, 19 April 2021, www.express.co.uk/life-style/property/1421898/London-houseprices-2021-drop-fall-decrease-work-from-home-EVG (archived at https://perma.cc/67Q7-W75R)

第十二章

金融科技与另类投资

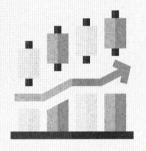

当今金融领域正在经历一场革命，新的投资方式和新的投资对象层出不穷。然而，尽管这些新技术对某些类型的投资者非常有用，但它们也都有各自的问题。通过了解每种技术的优缺点，你可以决定哪些技术（如果有的话）更适合自己。

你应该买比特币吗？

电子货币［例如《星际迷航》（*Star Trek*）中的信用点］的概念是科幻小说和电影中普遍存在的东西，但数字货币（或称**加密货币**）直到 20 世纪 90 年代末才出现。

数字货币中最出名的非比特币（Bitcoin）莫属，它于 2009 年 1 月推出。

比特币的支持者认为它与传统支付系统相比具有多种优势。例如，其独特的区块链技术可以在无须中央机构的情况下跟踪比特币所有权，并（在理论上）允许在保持隐私的同时快速交易。他们还声称，创造新比特币的成本不断增加，可以使其免受央行和政府的通胀行为造成的贬值影响。[1]

也有人认为，比特币的优势使它成了一项绝佳的长期投资，因为用户数量的增加将推动人们对该货币的需求。

毋庸置疑，那些早在比特币的使用还仅限于发烧友群体时就购买并持有比特币的人的确赚了大钱。就连一些后入场的投资者也赚了很多钱，现在世界上估计有 10 万名"比特币百万富翁"。[2]

在 2010 年 5 月的时候，你只需要花 1 美元就可以买到 500 个比特币。到 2011 年年初，比特币的价值与美元持平，而到了

2011 年夏季，其价值就已飙升至超过 10 美元。两年后的 2013 年，比特币价值接连突破了 100 美元、1 000 美元大关，随后便经历了价值回落。

2017 年年初，比特币再次突破了 1 000 美元大关，并一路上涨，11 月时超过了 1 万美元，而在 2017 年 12 月就达到了 19 783 美元的峰值。[3]

截至作者撰写本文时（2021 年 8 月），比特币的最高点是在 2021 年 3 月达到的 64 863 美元。换句话说，2010 年投资 1 美元购买的比特币在峰值时价值一度达到了 3 240 万美元。即使在 2021 年 6 月中旬价格回落后，它的价值也有约 1 850 万美元，回报率为 1 800 500 100%。

目前比特币有两种主要的投资方式：直接购买和点差交易。

虽然直接购买比特币在过去曾是一个复杂的过程，特别是对于那些没有太多计算机编程技能的人来说，但现在有几个应用程序可以让你使用信用卡或银行账户购买比特币，并将其存储起来。

点差交易公司也允许你对比特币价格的波动进行投注，而且如果你认为比特币依然处在被高估的水平，你还可以反向投注。然而，这两种方式仅限于"经验丰富"的投资者。

目前有几个有望跟踪比特币价格的 ETF 正在努力获得批准。[1]

虽然尝试赶上比特币热潮或者投资其他新出现的数字货币

---

① 截至本书翻译期间（2023 年 6 月），已有多个比特币 ETF 在美国、加拿大等地上市，但在英国还未有获批的比特币 ETF。——译者注

（如以太坊的以太币，ETH），对投资者来说可能具有很大的诱惑力，但比特币要想成为与国家货币同等重要的货币还存在许多技术障碍。

不管支持者怎么说，比特币交易都不是即时的，且经常会比传统支付方式的处理时间更长。此外，比特币交易还依赖于人们愿意通过挖掘比特币为系统提供计算机算力，因此如果比特币价格低于挖矿成本，系统可能很快就会停滞不前。

其次，2014 年比特币交易网站 Mt Gox 遭到的黑客攻击也显示出了其安全性隐患。[4]

此外，比特币从几乎一文不值上升到近 2 万美元，然后突然崩跌至 3 000 美元，之后又增长了超过 20 倍；比特币的这种极端波动性，不仅让它成为一项高风险投资，也几乎让它成了一种不理想的交易媒介。

总体来说，比特币并不是真正的投资资产，而且它催生了大量的仿冒品，其中有许多与欺诈计划和投资骗局有关。

你应该参与"股炮游戏"吗？

2021 年上半年，投资界最重大的事件应属"网红梗股（meme stocks）"的崛起，此现象也被其狂热支持者称为"股炮游戏（game of stonks)"。①

此类事件指的是一群人在某网站上（如Reddit.com的WallStreetBets②论坛）炒作某家公司的股票，并鼓励其他网站用户也购买该股票，以期待其价格飙升。5

那些推动炒股的人提出了许多理由来解释为什么这是一个好主意，他们的论点包括认为这些股票确实提供了获利机会，也包括觉得你就是应该为了好玩而购买这些股票（他们称此观点为"YOLO"，即"You Only Live Once"的缩写，意思是"人生只有一次"）。

其中最巧妙的论点是，由于许多股票被大量"做空"（也就是人们在押注其价格下跌），购买这些股票将推高它们的价格，给做空者造成损失。这反过来会迫使做空者通过购买股票来平仓，从而推高股票价格［这被称为"轧空（short squeeze）"］。

无论出于何种原因，这些投资者似乎都对现实世界产生了真实的影响。

2021年开年之时，电子游戏零售商游戏驿站（GameStop）

---

① 网络用语"meme"一词是由网友从它的原意"文化基因"（或称"模因"）当中引申出来的，代表某种在网上快速传播的、被赋予了特定的意思的文字、观点、行为或者图像；中文里可以较为贴近地理解为现在网络上常说的"梗"。而网络用语"stonks"一词就是一个梗，是网友故意将股票"stocks"一词拼错，写成字面意思为"密集的炮火"的"stonks"一词，以讽刺股市中剧烈的波动或下跌。——译者注

② 中文字义为"押注华尔街"。——译者注

迫于疫情的封锁，关闭了其大部分门店，加上面临着来自在线游戏下载的长期竞争，游戏驿站的股价徘徊在 17 美元。

然而，2021 年 1 月，由于网友在 WallStreetBets 上的积极宣传，其股票突然开始上涨。结果短短几周，其股价便一路飙升达到了 483 美元的峰值。[6]尽管随后股价回落至 40 美元左右，但直到 2021 年 6 月中旬，其股价仍维持在 233 美元左右。

类似的情况也发生在许多其他公司身上，尤其是连锁院线 AMC。[7]

虽然 WallStreetBets 论坛被一些人拿来与制造 2021 年 1 月 6 日美国国会骚乱的组织或匿名者 Q（QAnon）阴谋论的支持者相提并论，但该论坛显然已经获得了一批追随者，甚至包括一些对论坛中的实际投资建议持怀疑态度的人，因为他们认为，随大流还是有一定道理的（正如第三章中所讨论的）。[8]

我的建议是，不要参与 WallStreetBets 上的计划。

首先，互联网的匿名性意味着你无法确定给出建议的人是谁以及他们的动机是什么。这使得网络成了欺诈骗局最理想的滋生地，尤其是"炒作加抛售"骗局。在该类骗局中煽动者利用炒作和价格动量的幻象推高股价，随即将所有股份抛售，使投资者所持的股份一文不值。

相比之下，虽然报刊上的投资建议人、基金经理和卖方分析师显然也不是无懈可击的，但至少他们押上了自己的名声和信誉。

此外，那些投资了 WallStreetBets 上推荐的股票的投资者是否会长期坚持下去，尤其是当他们开始亏钱之后，这一点还存在很大的疑问。

最重要的是，不进行任何研究就盲目跟随类似的建议，是一种很懒惰的投资方式，会让你很快便养成不良的投资习惯。

免费交易 App 好不好？

除了 Reddit 网站，导致 2021 年年初一些股票价格剧烈波动的另一个关键因素是"零佣金"交易 App（手机应用程序）的参与。

其中最著名的是一个叫 RobinHood[①] 的 App，它因为鼓励新一代普通投资者参与股市而备受推崇（或备受责骂，看你持什么观点）。尽管 RobinHood 无法在英国使用，但截至 2021 年 7 月，英国投资者也可以通过其他 App（如在线经纪商 eToro）获得许多相似的好处。

这些 App 提供以下几个（或全部）功能：

● 无须向经纪人支付佣金费用即可买卖股票（和加密货币）。

---

① 罗宾汉，来自英国传说中的侠盗、绿林好汉，也指具有这样行为的人，他们大多劫富济贫、行侠仗义。——译者注

- 允许本金有限的投资者购买股票的部分份额（这个功能在购买美国股票时非常有用，因为个别股票的价格可能高达几百美元）。

- 最后，也是最具争议的是"社交"功能。例如，在 RobinHood 上，你可以浏览最受其他用户欢迎的股票；eToro 则更进一步，它允许你追踪个别投资者的动向，甚至自动"抄袭"他们的交易。

对于这些 App，我个人感受很复杂。我很难针对更低的佣金费用提出反对意见，特别是如果你用来投资的本金很有限。

然而，需要注意的是，这些免费交易 App 大多存在一些套路。最明显的是，免费交易服务往往具有较高的买卖价差和较差的订单执行质量，这意味着你在买入每一股股票时会多支付一点点费用，在卖出时会少获得一点点收益。**而且如果你使用它们来购买英国股票，仍需支付 0.5% 的印花税。**

实际上，在 2020 年年底，美国证券交易委员会对 RobinHood 进行了处罚，因为他们计算出若投资者选择传统经纪公司，回报反而更好。[9]

而且，这些 App 的社交功能也受到了批评，因为它们鼓励人们把投资当作一种游戏。例如，尽管 eToro 声称其推荐的投资者（其他用户可以"抄袭"他们的交易）是基于"经过验证的投资记录、透明的投资策略、低风险评分和遵守杠杆限制"进行选择的，但实际上它提供的关于这些投资者的信息非常有限。这意味着这些自称专家的人更有可能是像约瑟夫·肯尼迪所说的擦鞋男孩一样（详见第三章），而不是你应该认真关注的人。

另外，这些 App 会含蓄地或者明确地鼓励短期投资心态，而不是提倡更长期的投资理念。[10]

不过，如果你真的对短期交易感兴趣，并且有能力忽略掉所有花哨的功能（比如交易期权、加密货币和外汇），那么这些 App 也是一种合理的选择。

开放银行如何开放投资？

在小说《1984》中，乔治·奥威尔（George Orwell）描绘了一个社会，其中一个无所不知的"老大哥（Big Brother）"利用技术手段实时监控每个人的行动。虽然这样的反乌托邦社会显然不是我们所追求的，但涉及财务方面，掌控自己的数据也有助你掌控个人财务状况。

2018 年，英国政府推出了一个名为"开放银行（open banking）"的计划。其目的是让你（在你同意的情况下）更方便地与各种服务商共享和整合来自多个银行账户及信用卡的数据和信息。[11]

对开放银行最直接的应用可能就是账户整合。现在有几个 App 可以准确地查看你的综合支出金额以及支出所属的商品和服务类型。[12]

这一功能非常重要，因为正如第一章中提到的那样，为了进行投资，你首先需要开始储蓄，也就是说，你挣的钱要比花的钱多一些。

问题在于要做到这一点需要一定的自律性。虽然有些人能够制定严格的预算并时刻遵守，但有些人可能更适合有通知能够定期提醒他们的预算使用情况或有关他们消费习惯的更多信息。

也许 2020—2021 年的封锁措施唯一的好处就在于让我不仅省下了交通费用，还因为不再每晚外出用餐而节约了开销。如果我早些意识到我在外出用餐上花了这么多钱，我会更快地改变我的习惯。其他人可能也会发现自己在其他方面浪费了钱。

有一些 App，比如 Snoop 或 MoneyBox，可以为你推荐更多的省钱机会，比如哪里有更便宜的保险，或者哪家银行提供更高利率的储蓄账户等。还有一些 App 允许你合并以前工作过的公司的养老金账户（尽管不用这些 App 你也可以自己进行操作）。

在不久的将来，这些 App 甚至可能会通过显示你的各种投资组合持仓情况来取代投资平台的功能。

当然，并不是每个人都认为这些 App 有用。（我就更喜欢从在线银行账户下载 Excel 电子表格来跟踪我的开销。）但这些 App 还是值得研究的，尤其当你觉得自己的开销已经逐渐失控。

还是一样的原则，如何选择的关键在于确认是否（以及如何）收费。尽管许多 App 是免费的，但有些 App 会鼓励你使用它们的产品（如个人储蓄账户），且可能会收取费用或提供比一般水平更低的存款利率。

你是否应该接受机器人给的建议？

正如第四章中提到的，理财建议可能会很昂贵，尤其是在你的投资本金并不是很多的时候。同样，真正量身定制的理财建议少的惊人，尤其是在收费较低的情况下。

一个例子是我以前的雇主为员工配置的养老金计划。作为计划的一部分，我们都需要与养老金顾问进行初步"咨询"，以确保计划与我们的需求相符。实际上，这个"咨询"只是一个大约五分钟的谈话，顾问询问了我对风险的接受程度，然后推荐了他的基金所提供的五种预设投资组合模型当中的一个。当我收到养老金公司的第一份对账单时，却发现这条"建议"居然花了我好几百英镑。

鉴于此类建议本身就是机械化的，越来越多的人开始怀疑，是否直接从一个真实的机器人那里获取这些建议可能还更好，比如通过承诺完成此类任务的网站或 App。其中最著名（也是最早成立）的是 Nutmeg，其竞争对手也包括 MoneyFarm 和 Scaleable。

这些 App 的基本逻辑是它们会询问你一些关于风险承受能力的问题（可能还包括年龄），然后利用这些信息为你推荐一个投资组合，通常由低成本的 ETF 组成。

也就是说，如果你对风险的容忍度较低，它们会将你资金中的更大比例投资于低风险产品，如债券。一些平台还提供了更多个性化的选择，例如是否投资道德基金。

我对这些基金 App 的看法也很复杂。

从积极的方面来看，它们可以使资金相对较少且没有太多时间来确定最佳投资对象的人迅速开始储蓄和投资。事实上，在 Nutmeg 上投资只需要 100 英镑的最低投资额。

而且，它们没有任何固定费用，所以投资 100 英镑的人和投资 100 000 英镑的人支付的是相同比例的费用。

然而，有几点你应该牢记在心。

首先，一般来说，这些平台的建议通常仅限于在一系列投资组合模型中选择一种，尽管有些最先进的网站声称会依据自己对市场状况的观点略微调整配置。所以，如果你想要更个性化的服务或者想解决更复杂的问题，恐怕得另寻他处。

此外，尽管费用看起来可能较低，但它们是会累积的。以 Nutmeg 为例，你将支付 0.45% 的平台费，以及各只基金的费用（约为每年 0.19%）。这意味着你可能每年支付了 0.64% 的费用却只投资了一些指数基金，而实际上这并不是一个很划算的选择，因为像先锋基金（Vanguard）的富时全股指数基金每年仅收取 0.06% 的费用。[13, 14]

总之，对于完全初学投资的人、对投资观念感到恐惧或不喜欢处理文件工作的人来说，这些网站或 App 可能很有用。然而，

对那些更有经验且愿意付出一些努力的人来说，最好直接与指数
基金公司定期建立长期订单。

该不该使用股票筛选软件？

如果你曾在新闻画面中看到过股票交易所，你可能会注意
到，每个交易员面前都有多个显示屏。它们其中至少有一两个是
用来显示彭博终端（Bloomberg terminals）的。此类终端使交易员
能够访问大量的信息，包括价格图表、新闻、券商研究甚至是底
层公司的数据。

虽然这些终端看起来非常酷炫和先进，但可惜的是，它们的
价格超出了普通投资者的承受范围，每个月的使用费用高达数千
英镑。

不过，也有一些平台为预算较为有限的人群提供了功能简化
版的服务，它们被称为在线股票数据工具。

虽然这些数据工具通常不提供券商研究或公司新闻，但它们
可以帮助用户解决选股时的一个最大问题，也就是将庞大的可供
选择的股票数量缩小到一个更可操作的范围内。

为了找到值得投资的股票，许多人（包括我自己）都会使
用各种规则或条件对股票进行筛选。比如，价值投资者会寻找具

有较低市盈率的股票，成长型投资者会寻找过去几年销售额大幅增长的公司，而收益投资者则会选择在一段时间内增加股息的公司。

有许多网站提供免费的筛选工具，例如雅虎财经、谷歌财经，甚至一些线上报刊的投资版面。然而，有些投资者想要更进一步地筛选，并愿意投资购买更专业的服务，如 SharePad 或 Stockopedia。

相对于更基本的工具，这些专业服务具有三个主要优势。

首先，它们提供**更大范围的筛选条件**，因此你可以参考更多的因素。

其次，它们更加**个性化**，因此你可以更具体地搜索你想要查找的内容。

最后，与大多只提供过去四个季度数据的免费服务相比，它们还提供**更多年份的数据**。对于那些销售数据和盈利能力受新冠疫情影响而受到扭曲的公司，这一点尤为重要。不过，就连老牌公司也可能受到一次性事件的影响而降低盈利能力。此外，有些服务还会为你提供对股票未来盈利能力和收益的估计。尽管对于这些估计，你应该持一定的怀疑态度，但如果一个公司看起来过于"便宜"的话，它可能也在提醒你关注一些隐藏的问题。

遗憾的是，这些服务并不便宜。例如，在撰写本书时（2021 年），Stockopedia 的基本服务每年需要 245 英镑。虽然比 Bloomberg 终端便宜得多，但这意味着，除非你是拥有价值数万英镑的大型投资组合的投资者，否则你还是应该使用免费的筛选工具。

此外，即使是最好的股票筛选工具也**不能替代适当的研究**。例如，我使用 Stockopedia 的目的，要么是为我的交易专栏（或杂志上的投资建议）生成初步的股票列表，要么是检查我考虑推荐的股票是否过于昂贵，但我最终是否购买该股票的决定仍然基于广泛的研究。这些研究包括阅读投资者推介资料和年度报告，收听网络电话会议，阅读有关公司及其产品和服务的新闻文章等。

当涉及生物科技等行业时，这种详细的研究尤为重要，因为公司的大部分价值可能存在于未上市的产品中。

如何评价 P2P 网站？

在 2008 年，世界各国的中央银行都为应对金融危机而大幅削减了利率，并且自那以后基本上将其保持在接近零的水平，尤其是在新冠疫情之后。

截至 2021 年 6 月，英国和美国的官方基准利率都仅为 0.1%。这对于希望在储蓄中获得可观利息收益的人来说是个坏消息。[15, 16]

在 21 世纪 10 年代有一种很受欢迎的、试图解决这个问题的方案，那就是点对点（P2P）[1]网站，例如 Ratesetter 和 Zopa。

---

① 英文是 peer-to-peer，意思是个人对个人，简称 P2P。——译者注

此类网站的基本理念是，与其将你的资金存入利率非常低的储蓄账户，你不如绕过中间商，向个人或公司提供借贷（以获得利息收入），也就是相当于把自己变成银行。

每个网站提供给你的（对资金的）可控制程度各不相同，有些只允许你将资金投入用于进行大量不同借贷的共同资金池，而其他一些则允许你选择特定的需要贷款的公司。无论哪种方式，负责网站运营的公司都会进行大量的行政工作，包括检查借款人资质和收取款项。

这听起来是个很好的主意。然而，关键是要意识到，银行账户拥有由金融服务补偿计划（Financial Services Compensation Scheme）提供的高达 8 万英镑的损失保护，而与银行账户不同，投资 P2P 的人如果最终亏损，没有资格获得任何补偿（尽管如果该 P2P 公司受 FCA 监管，可以提供一些有限的、防范欺诈和盗窃的保护措施）。

的确，2019 年 P2P 平台 Lendy 和 Funding Secure 的倒闭，表明了 P2P 借贷并非没有风险。[17, 18]

此外，也有人抱怨 P2P 平台降低了其提供的利率，因此其与传统银行相比并没有太大优势，特别是考虑到许多人在提取资金时，需要等待很长的时间。

Lendy 的倒闭也促使政府在监管方面逆转风向。尽管之前政府很鼓励该行业的发展，但在 2019 年，政府进行了一次重大的监管打压，只允许"资深"和"高净值"的投资者将资金投入 P2P 网站，并规定在未经财务建议的情况下，他们不能将投资组合中超过 10% 的资金投入该行业。[19]

因此，一些 P2P 公司停止接受普通投资者的资金，并且仅限从金融机构获得资金。该行业中一家重要的公司 Ratesetter 于 2021 年 9 月被英国 Metro 银行收购，并于 2021 年 2 月宣布将归还普通投资者的资金。[20]

总之，尽管 P2P 对需要借款的个人和公司来说可能还有价值，但早期认为 P2P 将改变银行业的希望已经破灭，至少对于散户投资者而言是这样的。

股权众筹怎么样？

你可能听说过 Kickstarter，这个网站让人们通过提前预订最终产品的方式来支持各种科技和艺术项目。这使得公司，尤其是那些涉及细分领域的公司，在完成项目之前就能获得资金，且无须承担没有人购买的风险。通过这种方式得到资助的项目之一就是电子游戏《永恒之柱》（*Pillars of Eternity*）及其续作。[21]

然而，尽管 Kickstarter 对于创业者来说显然是有好处的，但对于那些投资者来说，如果产品最终大获成功，除了获得一种成就感之外，并没有其他回报。

好消息是，对于那些寻求比一件免费 T 恤更具实质性回报的人来说，近年来出现了许多网站，让人们能够投资初创公司以换取公司的股份。实际上，股权众筹（equity crowdfunding）相当于让人们成为风险投资人（参见第四章），但所需的资金规模却要小得多。

股权众筹最初可能只是一个边缘领域，但由它推动的公司中有一些却取得了巨大的成功。例如，网上银行 Revolut 就是通过股权众筹平台 Seedrs 和 Crowdcube 筹集的资金，它的投资者中有些获得了高达 19 倍的回报。其他成功案例也包括 Nutmeg 和酿酒公司 Camden Town Brewery。[22]

鉴于这些成功案例以及投资者有可能享受税收优惠，股权众筹可谓是一个天大的机会，而且确实如此。不过，你需要谨记以下几点：

- **高失败率。**与任何形式的风险投资一样，股权众筹项目的失败率很高，投资者需要依靠少数几个成功案例获得的收益来抵消失败案例的损失。因此，你需要投资多个项目（至少 10~20 个）以实现适当的分散投资。
- **信息有限。**大多数股权众筹网站只会提供有限的公司信息。因此，你需要自己进行调研。英国公司注册局（Companies House）在线上提供有关私营企业的大量信息（例如公司的董事甚至账目），所以你至少应该去这个网站看看。
- **投资流动性差。**投资私营企业就等于把你的资金与其长期绑定，直到该公司上市或被收购为止。虽然有些平台开始引入二级市场，让人们能够使股份变现，但你可能最终不得不接受较低的价格。因此，你应该只拿出你能接受被长期绑定的金额来投资。

- **理性投资，切勿冲动。** 正如你所预期的那样，年轻投资者在股权众筹中的比例往往较高。事实上，截至 2020 年 10 月，Crowdcube 上的个人投资者中，有将近三分之一的年龄介于 25~34 岁之间，而只有 15% 的投资者年龄在 55 岁或以上（尽管年龄大些的投资者往往投资的金额也更大）。[23] 不过，通过这种方式筹集资金的公司，大部分依然属于"生活方式"类品牌（如微型酿酒厂、纯素餐厅、电影公司）或科技公司。尽管这些公司不一定不是好的投资项目，特别是如果你对相关行业有一定了解的话，但归根结底，投资的目的是获得回报，所以不要因为某个项目很"酷"就投资。事实上，与任何投资一样，你应该将投资分散在不同的行业。

总而言之，股权众筹是一个高风险的领域，在你的整体投资组合中，它只应该占 10%~15%。

重点知识

79. 比特币对于那些投资其中的人来说是非常赚钱的，而且在未来，数字货币很有可能被更广泛地使用。尽管如此，比特币依然是一种极具投机性的投资，应该尽量避免。

80. 仅仅因为某只股票在诸如 Reddit 这样的论坛上被推荐就去购买，大多不会是明智的决定，这些推荐不能替代适当的研究。

81. 像 eToro 这样的免费交易 App 可以帮你节省费用。然而，它们也有隐藏的成本，且它们鼓励的是短期交易而非长期投资。

82. 有些 App 可以帮你跟踪你的各种账户，甚至可以将你的支出分类整理。不过，要始终确保你没有为它们付出过多的费用。

83. 对于那些缺乏时间或自律性来制定储蓄计划的人来说，机器人顾问可能是个不错的选择，但它们提供的建议的质量可能极为有限。

84. 股票筛选工具可以帮助你缩小待研究的股票数量，但此类工具主要面向那些有大量本金进行投资的人。而且，即便有筛选工具，你仍然需要进行额外的研究。

85. P2P 网站是一个有趣的资产类别，但想要获得额外的回报，你可能需要承担更多的风险。

86. 股权众筹可以帮助你成为一名小型风险投资人，但此类投资应该只占你投资组合的一小部分。

注释

1. D Frisby (2014) *Bitcoin: The future of money*, Unbound, London

2. S Gandel. There may now be as many as 100,000 bitcoin millionaires, CBS News, 23 February 2021, www.cbsnews.com/news/bitcoin–millionaires–100k/ (archived at https://perma.cc/HUZ7–346R)

3. J Edwards. Bitcoin's price history, Investopedia [accessed June 12, 2021], www.investopedia.com/articles/forex/121815/bitcoins–pricehistory.asp (archived at https://perma.cc/2VRB–4RCW)

4. M Leising. "Trillion Dollar" Mt. Gox demise as told by a bitcoin insider, Bloomberg, 31 January 2021, www.bloomberg.com/news/articles/2021–01–31/–trillion–dollar–mt–gox–demise–as–told–by–abitcoin–insider (archived at https://perma.cc/8LXV–AR68)

5. J Weissman. What we talk about when we talk about stonks, Slate, 28 January 2021, slate.com/business/2021/01/stonks–not–stocksgot–it.html (archived at https://perma.cc/NXD9–GHQU)

6. L Yarovaya. GameStop: WallStreetBets trader army is back for a second share rally – here's how to make sense of it, The Conversation, 26 February 2021, theconversation.com/gamestop–wallstreetbetstrader–army–is–back–for–a–second–share–rally–heres–how–to–makesense–of–it–156083 (archived at https://perma.cc/8FT4–25YA)

7. E Vlessing. AMC theatres targets Reddit "WallStreetBets" traders via website, *Hollywood Reporter*, 2 June 2021, www.hollywoodreporter.com/business/business–news/amc–theaters–wallstreetbetswebsite–1234961776/ (archived at https://perma.cc/8WKP–4C7H)

8. Washington Post@washingtonpost. Lonely, angry, eager to make history: Online mobs are likely to remain a dangerous reality. [Twitter] 22 February 2021. twitter.com/washingtonpost/status/1363663848788664322 (archived at https://perma.cc/HMM2–UEZN)

9. *Financial Times*. RobinHood to pay \$65m to settle SEC claims it mishandled trades, www.ft.com/content/820d45aa–d3fe–4042–9115–49d8094e1f01 (archived at https://perma.cc/S94M–N9E9)

10. A Hern. Are share–trading Apps a safe way to play the markets?, *The Observer*, 7 February 2021, www.theguardian.com/technology/2021/feb/07/are–share–trading–Apps–a–safe–way–to–play–the–markets (archived at https://perma.cc/XB4C–LEZY)

11. S Hickey. "Open banking": radical shake–up, or a threat to your private data?, *The Observer*, 8 January 2018, www.theguardian.com/money/2018/jan/08/open–banking–bank (archived at https://perma.cc/N46C–MK7T)

12. D Stevenson. How open banking became a great British success story, *MoneyWeek*, 3 March 2021, tinyurl.com/xtbv5ts (archived at https://perma.cc/4ANT–YURD)

13. Nutmeg. Our fees explained, www.nutmeg.com/our–fee (archived at https://perma.cc/3AZE–RADS)

14. Vanguard. FTSE U.K. All Share Index Unit Trust – Accumulation, www.vanguardinvestor.co.uk/investments/vanguard–ftse–uk–all–shareindex–unit–trust–gbp–acc (archived at https://perma.cc/ZPQ8–PL2P)

15. Bank of England. Official bank rate history, www.bankofengland.co.uk/boeApps/database/Bank–Rate.asp (archived at https://perma.cc/29XQ–V8VM)

16. Federal Reserve Bank of New York. Effective Federal Funds Rate 2021, www.newyorkfed.org/markets/reference–rates/effr (archived at https://perma.cc/R2KG–EY4K)

17. *Financial Times*. UK property finance company Lendy collapses, www.ft.com/content/3ca77892–7e48–11e9–81d2–f785092ab560 (archived at https://perma.cc/P4XT–TXN6)

18. L White. Funding Secure blunders shock administrator: Peer–to–peer lender allowed investor's loans to be secured against a bizarre range of assets, This is Money, 3 December 2019, www.thisismoney.co.uk/money/news/article–7752903/Blunders–peer–peer–lender–Funding–Secure–shock–administrator.html (archived at https://perma.cc/EBQ4–RSUE)

19. R Baird. AltFi Insights: FCA new peer–to–peer rules clampdown on marketing,

investor caps and wind–down arrangements, Alt Fi, 19 June 2019, www.altfi.com/article/5424_insight–fca–new–peer–topeer–rules–clampdown–on–marketing–investor–caps–and–wind–downarrangements (archived at https://perma.cc/6HS6–HUNP)

20. RateSetter. RateSetter announces that Metro Bank is purchasing the loan portfolio [blog] 2 February 2021. www.ratesetter.com/blog/ratesetter–announces–that–metro–bank–is–purchasing–the–loanportfolio (archived at https://perma.cc/8QKF–CB8P)

21. S Dredge. Kickstarter's biggest hits: why crowdfunding now sets the trends, *The Guardian*, 17 April 2014, www.theguardian.com/technology/2014/apr/17/kickstarter–crowdfunding–technology–filmgames (archived at https://perma.cc/VFD4–4BEZ)

22. Crowdcube. Investor returns, www.crowdcube.com/explore/investing/investor–returns (archived at https://perma.cc/9VZ6–79KT)

23. Crowdcube. Celebrating 1m members, 15 October 2020, www.crowdcube.com/explore/blog/crowdcube/celebrating–1mmembers (archived at https://perma.cc/895A–MWBJ)

结论　投资的十大准则

我本可以把这封信写得更短一些，可惜我没有足够的时间。

布莱兹·帕斯卡（Blaise Pascal）

1656—1657，《至外省人信札》（*Lettres Provinciales*）

遵循 17 世纪法国哲学家和数学家布莱兹·帕斯卡的精神
（尽管不完全遵循他信札中的观点），在此，我总结出本书中我认
为在投资方面最重要的十条经验教训。

一、存钱、买入股票并长期持有，是实现长期财富的最佳途径

如果你必须从本书中学到一件事，那就是积累一大笔财富并
不需要智慧、人脉，甚至不需要太多的运气。

当然，这些因素是有帮助的。但是，自律自觉地存钱、将其
（大部分）投资于股票，并长期持有这些股票更加重要。存钱并
非易事。而坚持持有股票，尤其是当它们表现不佳时，则更加困
难。况且，并没有任何事情是百分之百确定的。不过，只要你能
尽早开始，即使是普通收入水平的人，最终也大有可能获得一笔

数额可观的财富。

二、搭建多元化的投资组合，但不要太过分散

大多数风险管理都涉及风险与回报之间的权衡。也就是说，如果你想增加回报，就必须承担更大的亏损风险。

但是，通过将投资组合多元化分散到不同公司的股票上，甚至购入债券等其他资产，你可以在不削减回报的前提下降低风险。

然而，就像生活中的其他好东西一样，多元化也是会过度的。事实上，在股票数量达到一定程度后（大约 10~15 只），多元化的风险降低效益会急剧下降，而且你在投资组合中拥有的公司越多，你花在对它们进行追踪上的时间就会越多。

三、交易者追随人群，投资者远离人群

如今，虽然交易可能是由计算机完成的，但主要决策还是由人类做出的，然而，人类自身会受到恐惧和贪婪的驱使。这便导致股市对信息的初始反应往往较慢，但一旦反应过来，往往又会走得太远。

有两种方法可以使你从上述现象中获利。一种方法是观察大家的行为并尝试追随它。另一种方法是朝着相反的方向行动，购买大家都不喜欢的资产，并避开受追捧的资产。

第一种策略被称为趋势跟踪，从一个追求快速买入卖出的

短期交易者的角度来看，是很好的策略。然而，对于大多数人来说，这样的策略只会带来沮丧，更不用说从频繁的买卖中产生的巨大交易成本了。

因此，对于那些能够持有长期投资眼光的人来说，逆向投资策略更加明智。

四、金融专业人士是有用处的，但小心不要掉入陷阱

与传说中的相反，金融服务行业的公司和从业人员通常都是诚实的。这是一件好事，因为在投资过程中，你会经常遇到他们——无论是在向券商购买股票的时候，还是向理财顾问咨询税务建议的时候。

然而，不管他们如何声称自己是与你站在同一边的，他们最终的目标都是通过销售服务赚钱并保住工作，因此，当你的利益与他们的利益发生冲突时，孰轻孰重显而易见。

有一些较明显的陷阱和利益冲突是相对容易避开的。例如，要确保你所合作的财务顾问（在利益层面）是真正独立的，并避免与未经 FCA 注册的公司打交道。然而，也存在一些其他的问题，例如只会跟踪指数（而非主动管理）的基金经理，或在条款细则中添加额外费用的券商，这些情况都需要你花更多的时间进行研究才能够尽量避免。

总而言之，对于金融专业人士，最好的建议是持"信任但核

实"的态度，并且像对待其他商品和服务那样，货比三家，找出性价比最高的那一家。

五、指数基金可以节省时间和金钱

不仅要决定买入哪些股票，还要一一跟踪它们的表现，这将是一项耗时的过程。所以，你可以考虑将资金投入由专业基金经理管理的基金或投资信托（至少选择五只）。

然而，如果你的时间非常有限，或者你只是不想操心基金经理能否做出正确的决策，你也可以考虑购买指数基金，此类基金会跟踪整个大盘。

指数基金有三大优点。首先，通过向整个市场进行投资，它们有助于实现投资组合的多元化。其次，由于供应商之间的竞争已经将跟踪大盘的基金费用降至接近为零的水平，因此指数基金只收取非常低的费用。考虑到有些情况下，基金费用可能会使你的收益大幅减少，所以费用高低对最终的投资收益总额可能会产生重大影响。最后，因为大多数由基金经理管理的基金都无法跑赢大盘，所以你实际上可能会比那些购买主动管理的基金或信托的投资者收益更高。

六、要寻找业绩良好、投资组合重点明确以及费用低的主动型基金

虽然大多数主动管理的基金或投资信托都无法跑赢大盘，但

仍然有一些步骤可以增加你获得高于市场水平回报的机会。

其中最显而易见的一步是寻找具有出色历史业绩的基金。不过，基金的过去与未来表现之间的联系很弱，特别是如果创造出色业绩的基金经理已经离任。

下一步是寻找重点明确的投资组合，即在投资组合中以大比例重仓少数几只股票，而不是在更大的范围内进行小额押注。相比之下，投资大量的公司或仅投资市值最高的公司的基金，都很有可能是"秘密跟踪"基金，也就是那些只被动跟踪市场却收取高昂费用的基金，因此应该避免。

最后（也可能是最重要的）一步是要寻找费率低的基金。研究显示，收费高的基金经理的总体（扣除费用前）绩效，并不比收费低的基金经理更好，因此选择最便宜的基金是有道理的。另外，那些在资产净值基础上以很大折价率进行交易的投资信托也是不错的选择。

七、很多时候，挑选股票都是在价值和增长之间寻找最佳平衡

所有长期的证据都表明，价值投资，即购买那些以低市盈率和低市净率交易的公司股票是最佳策略。

然而，价值投资可能会出现相对回报较低的时期（就像过去的 10 年一样）。因此，关键是要确保你所买入的股票其背后的公司要么表现得相当不错，要么有很好地扭转局面的机会。

同样地，如果你想购买快速增长的公司股票，切记不要买得太贵。你可以限制自己买入已经盈利的公司股票，或者拒绝支付超过当期收益 25 倍以上的价格来控制这一点。

八、有股息收入是好事，但要确保公司不仅能支付股息，还能增加股息

即使你投资的主要目的不是获得股息收入，年度股息仍然是股票收益的重要组成部分。

然而，高股息收益率有时可能具有误导性，特别是如果它超过了公司可持续支付的范围。如果股息不可持续，公司将需要削减股息支付，而这可能对股价造成灾难性影响。因此，公司的盈利至少应该超过其支付的股息金额。然而，有时候这并不足够，尤其是当公司需要重新投入一部分利润来保持业务运营。

理想情况下，你应该寻找那些能够随着时间推移增加股息的公司，这也意味着公司需要不断地增加盈利。

九、关注你的投资，而非外部世界

比起要决定购买哪些股票或基金的痛苦过程，政治和时事可能更加令人兴奋。然而，尽管外部世界偶尔会对大盘产生影响，但这种影响往往是被夸大的，并且很快会消散。此外，试图预测经济变化本身也非常困难。

因此，除非你只专注于从短期市场波动中赚取快钱（这从来都不是个好主意），我建议你还是多多关注你所投资的公司的个体表现。

十、另类资产也许是糖霜，但股票（和债券）才是那块蛋糕

从点差交易到艺术品，现代投资者可以将自己的本金投入到无限多的东西当中。

然而，这些资产中的大多数，尤其是点差交易、大宗商品和外汇，都是为（短期）交易者而非（长期）投资者准备的。其他像艺术品这样的资产太过不稳定，无法成为你投资组合的核心。即使是股票和债券的两种最成熟的替代品——黄金和房地产，也无法提供像股票那样的长期回报。

因此，我建议你还是将大部分资金（至少80%）投入股票和债券中。

致谢

感谢艾米·明舒尔（Amy Minshull）以及 Kogan Page 出版社团队的所有成员，与你们合作非常愉快。感谢克里斯·帕克（Chris Parker）对本书开篇的评论，以及约翰·斯特佩克（John Stepek）、温策尔·隆巴德（Wentzel Lombard）和乔里恩·康奈尔（Jolyon Connell）提供的反馈。同时，也感谢我在《理财周刊》和丹尼斯出版社（Dennis Publishing）的同事们。